從出生到成道，
看佛陀在人間的經典傳奇

娑婆

釋迦如來應化事蹟 卷一

企劃——柿子文化　撰文——黃健原（淼上源）

Image 3

娑婆，釋迦如來應化事蹟卷一：
從出生到成道，看佛陀在人間的經典傳奇

企　　劃　柿子文化
重撰繪製　清・永珊
撰　　文　黃健原（淼上源）
封面設計　林淑慧
主　　編　劉信宏
總 編 輯　林許文二

出　　版　柿子文化事業有限公司
地　　址　11677 臺北市羅斯福路五段 158 號 2 樓
業務專線　（02）89314903#15
讀者專線　（02）89314903#9
傳　　真　（02）29319207
郵撥帳號　19822651 柿子文化事業有限公司
投稿信箱　editor@persimmonbooks.com.tw
服務信箱　service@persimmonbooks.com.tw

業務行政　鄭淑娟、陳顯中

初版一刷　2020 年 12 月
定　　價　新臺幣 399 元
I S B N　978-986-99409-9-3

國家圖書館出版品預行編目 (CIP) 資料

娑婆，釋迦如來應化事蹟卷一：從出生到成道，看佛陀在人間的經典傳奇 / 柿子文化企劃 ; 黃健原（淼上源）撰文 . -- 一版 . -- 臺北市 : 柿子文化 , 2020.12
面；　公分 . -- (Image ; 3)

ISBN 978-986-99409-9-3(平裝)
1. 釋迦牟尼 (Gautama Buddha, 560-480 B.C.) 2. 佛教傳記

229.1　　109017993

總序

《釋迦如來應化事蹟》一書，又名《釋迦如來密行化跡全譜》，本書是以漢傳經典編纂而成的佛陀傳記，也是佛教史資料（於佛滅後到佛法傳入中國之間），可以說是一種流通於漢地民間的佛傳與佛史圖書。

據此書序文〈重繪釋迦如來應化事蹟緣起〉內容來看，此書應是清朝乾隆年間鎮國公永珊，對《釋氏源流》（明寶成編）進行了重新撰寫和繪圖而成書的版本。考古專家認為此書是存量極少的佛教古籍圖書，而該書為雕版印刷，應是清乾隆五十八年和碩豫親王裕豐，以明代刊本為底本，再摹刻上版，於嘉慶十三年刊成。

另外，再從〈釋迦如來成道記〉一文來看，這篇文章相當於最初的佛傳史記的大綱，之所以安置於此書作為序文，推測很可能是漢傳佛傳書籍流傳的緣故，可見此書最早是源自於唐王勃所撰的《釋迦如來成道記》（此書亦有唐道誠注的《釋迦如來成道記註》二卷）。之後歷經許多朝代的增修，明寶成編集的《釋迦如來應化錄》六卷，各篇章亦與此書篇章極為類似，可見在明清時期，佛傳故事的架構已經成型。又於《楊仁山居士遺書》卷中〈與王雷夏（宗炎）書〉便提及刻印流通此書之事：「接十七日手函，領悉種種。《釋迦譜》一書，久欲刊板，而無來款。貴友欲刻此書，可喜之至，但敝處所擬刻者，是藏經內十卷之本，與現在流通之本，繪圖二百餘幅者，迥不相同。此本原名《釋迦如來應化事蹟》，世俗呼為釋迦譜也，十卷之本，弟有明刻，二十年前交卓如兄，至今未還。若欲發刻，須將原書索回，否則無可借也，刻貲約在二百數十元……」由此可知此書在當時，即廣為流通。

然而，現今我們對於此書還是非常陌生，相關於此漢傳佛傳古書之研究，亦不多見。《釋迦如來應化事蹟》可以說是以漢傳佛教的佛傳代表，亦可以從中發現許多較少被提及的漢譯經典故事。

本書切分成四卷，第一卷從本生故事，到兜率天降生、入母胎、出生、出家、降魔、成道；第二卷為佛陀成道之後的度化事蹟，以漢傳「五時說法」開展，因此首篇為〈華嚴大法〉，其後則為佛陀教化事蹟；第三卷的佛傳有濃厚的漢傳佛教特色，除了獨特的人事物描述，還對漢譯大乘經典有輪廓性的概說；第四卷則以敘述佛入涅槃事蹟為主，並敘述佛滅後，法的付囑，成為漢傳各宗的祖師傳承之依據。

本次的整理再版，不僅保留了古書的原始圖文，更加入了易於閱讀的白話文。每一張圖均有簡要的說明，以了解繪圖的意涵。這裡要說明的是，本系列各卷的篇章排序，均遵從古籍版本的編排方式，但從內容的陳述與事件故事的串接上來看，某些篇章應該是為了因應漢傳佛教的教義精神，而在流傳的過程中不斷增加了許多章篇，產出各種版本，因而有了一些變動。

此外，又附上註解，以說明文章的原始經文出處，或補充原始經典故事內容，或簡說相關的佛教專有名詞。希望透過此書的再刊，使現代人能感受古人閱讀佛傳的韻味，另一方面，也讓更多對漢傳佛教有興趣者，能飽覽漢譯佛典之精萃。

由於古籍圖稿因為逐年的轉載刊印，以致某些線條或圖塊有缺損或虛化的現象，本書的刊印，對此做了嚴謹審慎的整修，但缺損過劇之處，仍尊重原始版畫而保留原貌，以期能給讀者最好的古典韻味。

第一卷 前序

本書是《釋迦如來應化事蹟》全系列的第一卷，自〈釋迦垂跡〉一直到〈成等正覺〉、〈諸天讚賀〉，以佛陀為何應化於娑婆世間作為一個開場，接著，取五莖蓮花與燃燈佛授記為本生故事，之後以兜率天降生、入母胎、出生、棄王位出家、降魔、成道歷程為脈絡鋪陳，主要敘述了佛陀在成道之前的事蹟故事。

第一卷中，所採用的漢譯佛傳經典，包括：劉宋求那跋陀羅所譯《過去現在因果經》、隋闍那崛多及費長房等譯《佛本行集經》、梁僧祐撰《釋迦譜》、唐地婆訶羅譯《方廣大莊嚴經》、西晉竺法護譯《普曜經》，這幾部經典都收錄在漢譯大正藏經典，〈本緣部〉的「佛傳」類中，可以說每一部經都是完整的漢譯佛傳史料，內容極為詳盡，可見漢傳藏經資料之豐富。

雖然漢傳佛教強調佛陀的神聖性、超越性、神通力，以及人天關係的連結，有些部分，從表面看來，甚至極類似神怪小說與神蹟奇事，如佛陀誕生過程〈九龍灌浴〉，以及佛成道之前的降魔〈魔女炫媚〉、〈魔軍拒戰〉、〈地神作證〉、〈菩薩降魔〉等，這些都使佛傳更具備了戲劇性效果。但某些故事的背後，如〈空聲警策〉、〈路逢老人〉、〈道見病臥〉、〈路覩死屍〉、〈得遇沙門〉仍隱含著深刻的人生真理，以及基礎佛理與因果觀念等。而其中，每一篇文與圖的表現，都呈現了漢傳佛教文學「變文」與「變相」的特色。

目次

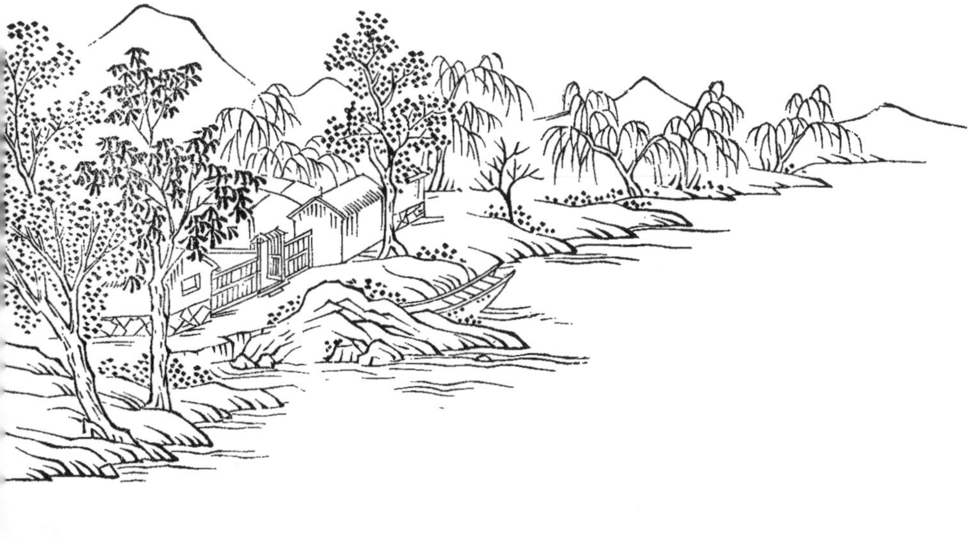

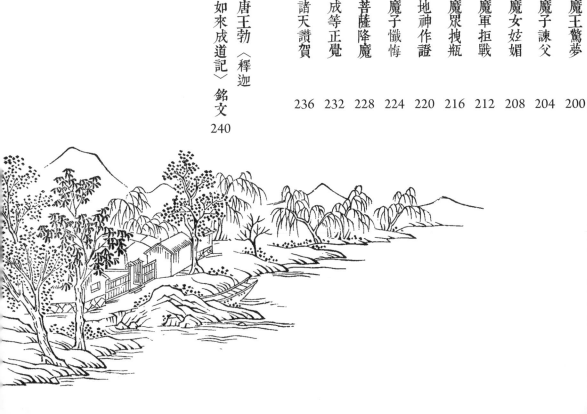

釋迦垂跡

法界身，清淨的本體是不生不滅的，佛菩薩依於大悲願力的啟動，順應著度化眾生的機緣成熟，而降生於煩惱惡濁的世間，釋迦佛便是應化於這個娑婆世間的佛身。

釋迦是梵語，華語的意思就是能仁者，而所謂的「垂跡」，是指佛陀出世的目的是為了利益和教化有情眾生。祂的修持已到達自覺覺他圓滿的境界，同時具足神通妙用與空性智慧，於一切都已圓融，沒有障礙。

事實上，釋迦如來早在久遠以前就已經成佛了，祂原本住於不生不滅的法界，因為大悲心的緣故，應化於世間，並以八個階段的相貌圓成佛道，即從兜率天降生、入母胎、出生、棄王位出家、降魔、成道、弘法教化轉法輪，最後在雙林樹間入涅槃。如果佛沒有出生於世間，如何令一切眾生攝受於祂的法教，覺悟解脫生死之道，並同證涅槃之境。

佛陀在人間的弘化雖然只有短短數十年，卻留下了許多度眾故事，故標號「釋迦應化事蹟」。雖然佛陀已入滅，距今遙遠，但佛陀的一生留下了對人類長遠的影響與啟發。佛陀教化之語，仍然流傳於世，至今我們仍可聽聞這樣珍貴教法，依循祂的教法如實修持，即可趣入正等正覺，這是佛陀法身的不可思議功德，也是佛陀大慈力與大悲願的彰顯，祂於有限生命中展現了無限光明，那光明即是不生不滅的法身。

《釋迦如來應化事蹟》一書引經據典，敘述釋迦修因證果，以及佛陀一生教化的歷程，這些事蹟的流傳，讓後人能夠尋覓佛陀弘法的足跡，也使後人能感受，佛垂跡應化世間的殊勝因緣。

▶生命歸零的片刻是終點也是起點。菩薩從不生不滅的法界，幻化在這個生滅的世間，每一期的生命都是莊嚴與圓滿的歷程。

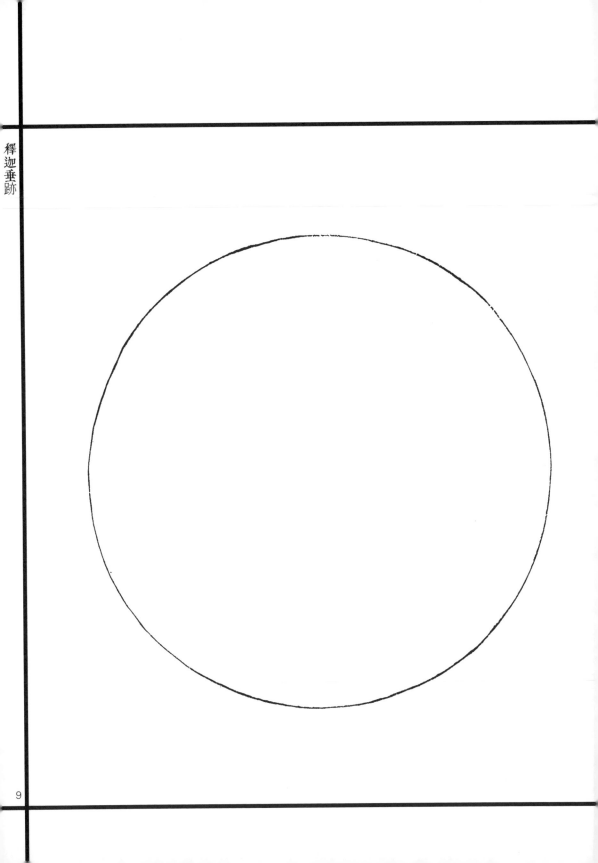

釋迦垂跡[1]

淨法界身。本無出沒。大悲願力。示現受生。釋迦者。梵語也。華言能仁。即娑婆世界應佛之姓也。垂跡者。菩提之為極也。神妙寂通。圓智湛照。道絕形識之封。理顯生滅之境。然釋迦如來最初得佛之後。大悲利物。示有始終。聖人之利見於世也。則必有降本垂跡。開跡顯本之妙存焉。夫本者。法身之謂也。跡者。八相之謂也。由法身以垂八相[2]。由八相以顯法身。本跡相融。俱不可思議。豈實誕於王宮。甯真謝於雙林。但湣群迷長寢。同歸大覺。緣來斯化。感至必應。若應而不生。誰能悟俗。化而無名。何以導世矣。是以標號釋迦。名種剎利。體域中之尊。冠人天之秀。然後脫屣儲王。真觀道樹。捨金輪而馭大千。明玉毫而制法界。今約如來因行。引經論。敘聖源。用明法王。一代化儀始終之義。此所以度眾生之垂跡也。

原典註解

①**垂跡**：「垂跡」一詞的意涵，說明佛陀自清淨本體中，因大悲願心而化現種種身來度化眾生。據《大毗盧遮那經》云：「如摩訶毗盧遮那住於菩提心體性，種種示現普門利益，種種變現無量無邊，雖如是『垂跡』無窮，然實常住不動亦無起滅。」在佛三身說中，「法身、報身」為本地；「化身」為垂跡。化身又名「應化身」，此乃佛菩薩為了濟度眾生，所變化出來的各種形相之身，方便隨緣度化，如《妙法蓮華經‧觀世音菩薩普門品》云：「若有國土眾生，應以佛身得度者，觀世音菩薩即現佛身而為說法；…應以比丘、比丘尼、優婆塞、優婆夷身得度者，即現比丘、比丘尼、優婆塞、優婆夷身而為說法。」這是彰顯佛菩薩的神通妙用。從現代人理解角度來說，眾生適合聽聞教化的情境不同，佛法透過不同形象展現，方便於引導眾生學習。

②**八相**：釋迦佛於世間以「八相成道」，這是佛傳中佛陀在人間的一期生命，被歸納出的八個階段，即：降兜率相、託胎相、降生相、出家相、降魔相、成道相、說法相、涅槃相。不同經典對此八相略有小差異，八個階段象徵佛陀如何在這有限的生命去達成度眾的宿願，同時也成為後世出家修行者的學習目標。

買華供佛

在過去久遠劫前，釋迦牟尼過去世是一位修行的仙人，名為善慧，智慧超群，他的深妙義理，說服了五百名外道，使五百名外道都追隨他，並供養他，成為他的弟子。當時有位燈照王太子，名為普光，別離雙親，出家修行，成就了菩提道，號燃燈佛。善慧仙人前往燃燈佛處，正想著該如何供養燃燈佛才能表達內心的崇敬？在路上巧遇了一位青衣女子，她手持七枝蓮花，緩緩地走向王宮。

善慧仙人見到她手上的蓮花，便向前詢問：「妳這花可賣我嗎？」女子說：「這些蓮花要送到宮裡敬獻給佛，不賣的。」善慧仙人說：「我這五百銀錢，全部買你五枝蓮花，好嗎？」女子心想這蓮花並不值幾個錢，為何他要用五百銀錢來買？便說：「你買這蓮花是要做什麼用呢？」善慧仙人：「要供養燃燈佛的，願我未來也能如燃燈佛一樣證得如來佛智，度無量眾生。」女子見他容貌端正，又如此虔誠，有所心儀，於是對他說：「要我把花賣給你，有一個條件：讓我生生世世都作為你的妻子。」善慧仙人很為難，修梵行求道，並不方便結此因緣，但若不答應那女子，她便不賣花。於是便對她說：「我答應你的要求，但我也有個條件，未來如果有人來向我布施頭腦、眼目以及妻子等等一切，你都要答應，讓我做這樣的布施。」女子同意了他的條件，還請他把其餘兩枝蓮花也獻給燃燈佛。

國王及大臣們向燃燈佛禮敬後，紛紛獻花，他們獻的鮮花散落一地。善慧仙人恭敬走到佛面前瞻仰，他在心中發願未來也能夠成就如來的智慧，度濟所有苦難眾生，發此願後，便將五朵青蓮散於空中，蓮花不僅不墜地，還在空中化成莊嚴的蓮花臺，隨後的兩朵青蓮，一左一右停在佛的兩側。這時眾人無不歡喜讚歎，燃燈佛也讚揚善慧仙人：「很好，善男子，你的發願，經無量阿僧祇劫之後，當得成佛，號釋迦牟尼。」

◀善慧仙人所供佛的蓮花，之所以能停住於空中，象徵內心的願力於虛空中綻放。此非表面的供奉，關鍵也不在「花」，而是內在至誠的發心。

買華供佛

買華供佛[1]

因果經[2]云，過去無數阿僧祇劫[3]，有仙人善慧。時燈照王太子名普光。啟父出家。成菩提道。善慧初與五百外道講論義勝。各以銀錢上之。與外道別。當往然燈佛所。欲施供養。見王青衣。持七莖蓮華過。追問此華賣否。答言。當送王宮。欲以上佛。善慧即以五百銀錢。買五莖華。以用供佛。青衣從命。並寄二華以獻於佛。時王及大臣。禮佛散華。華悉墮地。善慧五華皆住空中。化成華臺。後散二華。住佛兩邊。佛讚善慧。汝過阿僧祇劫。當得成佛。號釋迦牟尼。

原典註解

①**買華供佛**：「買花供佛」的故事是漢語字典「借花獻佛」成語的由來，《過去現在因果經》：「今我女弱不能前，請寄二花，以獻於佛。」原為釋迦牟尼佛與妻子耶輸陀羅的宿世相遇因緣，原本是獻花虔誠供佛的意涵，後來轉用成「借花獻佛」，並在後來的漢語文學中出現，如元雜劇蕭德祥《殺狗勸夫》：「既然哥哥有酒，我們借花獻佛，與哥哥上壽咱。」又清末《老殘遊記》：「今兒有人送來極新鮮的山雞，燙了吃，很好的，我就借花獻佛了！」後人比喻借用他人的事物做順水人情，並非發自內心，這成語的用法似乎原佛典故事有所不同了。

②**因果經**：《因果經》又稱《過去現在因果經》，為劉宋求那跋陀羅所譯，以佛陀自傳的形式呈現，敘述了佛陀本生事蹟。為漢傳本佛陀傳記中極具文學價值之經典，此經亦有圖繪卷形式流傳於日本。

③**劫**：「劫」（梵 kalpa）是古印度計算時間單位，是極長的時間，一劫相當於大梵天之一日，即人間的四億三千二百萬年。「阿僧祇劫」指無法計算的極長時間。「劫」又有時限的意思，即世界成立到破壞之歷程。在漢語中常引用「劫數」一詞，這裡的「劫」指厄運、災難、大限。元《馮玉蘭》：「那兩個船家是將錢覓到，也都在劫數里不能逃。」清紀昀《閱微草堂筆記》：「述流寇事頗悉，相與歎劫數難移。」因此，後來有「劫數難逃」一詞，意思是難以逃避的惡報來臨。

布髮掩泥

有一次燃燈佛將路過一片滿是泥濘的道路，善慧得知之後，心想佛的雙足是何等尊貴，怎可以踏在這濁濕的泥地，於是他脫下皮衣，但仍不足掩蓋，於是他解開頭髮，趴在地上，五體投地，髮全部覆蓋在泥地上，讓佛從他身體上過去。

燃燈佛因此為善慧授記：「你於來世，將能在這五濁惡世中作佛，度化無數人天而沒有困難，如我一般。」善慧聽到燃燈佛已為他授記，喜不自勝；當下便頓解一切法空之理，並證得無生忍，他立即請求佛：「但願佛能哀憫我，令我我出家修道。」佛見同道心堅定，便允諾道：「善來比丘！」那時善慧的鬚髮自動落下，袈裟便著身，成了沙門。善慧比丘歡喜踴躍，合掌唸了贊佛偈：

今見世間導，令我開慧眼，為說清淨法，去離一切著。
今遇天人尊，令我得無生，願將來獲果，亦如兩足尊。

◀善慧解髮五體投地，讓佛足踐踏而過。古德有言：「想要千人頭上走，先在萬人腳下行。」這是說若要度化眾生，要先謙卑的為眾人服務。

布髮掩泥

布髮掩泥

因果經云。時善慧見地濁濕。即脫鹿皮衣。以用布地。解髮以覆之。待佛行過。佛記之曰。汝後作佛。當於五濁惡世❶。度諸天人。時善慧求佛出家。佛言。善來比丘。剃除鬚髮。著袈裟衣。即成沙門。遂合掌以偈贊佛。今見世間導。令我開慧眼。為說清淨法。去離一切著。今遇天人尊。我今得無生。願將來獲果。亦如兩足尊❷。

原典註解

①**五濁惡世**：

一、劫濁：指於末世，饑荒、疾疫、刀兵等相繼而起，生靈塗炭的景象。

二、見濁：指正法將滅，世人知見不正，邪見增盛，人不修善道。

三、煩惱濁：眾生有種種貪慾，瞋怒鬥諍，以致心神被惱亂等重重問題。

四、眾生濁：又稱有情濁，眾生有許多惡行惡念，如不孝父母師長，不畏懼因果業報，不作功德，不修善法，不持禁戒等。

五、命濁：又稱壽濁，眾生因煩惱叢集，以致心身交瘁，所以壽命短促。

這「五濁」指世間眾生在末世時，將遭遇的五種惡因緣

②**兩足尊**：佛陀在兩足之有情中為第一尊貴，故稱「兩足尊」。此外，據《法華義疏》：「兩足尊者，或以戒定為二足，或以權實為二足，或以福慧為二足，或以解行為二足，此皆內德之二足也。」此將兩足比喻為戒定、福慧、解行等，佛皆具足，而遍遊行法界，無所障礙。同時也凸顯人道兩足的尊貴。

上託兜率

過去的護明菩薩隨從迦葉佛修行時，因持戒清淨，命終之後，以正念往生兜率天。這兜率天是即將成佛的一生補處——菩薩所往生的地方，祂們智慧俱足，常生歡喜。

在天界之中，兜率天以下的天人，性情較容易放逸，忘失正念；而兜率天以上的天人，往往偏好禪定，故較不願下生度化有情。但兜率天的菩薩卻不一樣，祂們發願度化人天，這位名為護明的菩薩自從生於兜率天之後，由於祂的功德威神力，使得諸天宮殿更加光明照耀，自然莊嚴。菩薩即使在美妙的五欲歡愉境界中，內心也不會為之心動而被迷惑，失去正念，祂始終保持清淨心。護明菩薩在兜率天住滿了四千歲，常常為諸天人宣說無常、苦、空等法，令他們產生厭離的心。

菩薩能以天眼遙觀下界的人間，見眾生造種種惡業，在生老病死的輪迴中眾苦逼迫，無解脫之時。菩薩由此生起大悲憫之心，為了拔濟一切眾生種種苦業，為令眾生獲得究竟安樂，為了說法教化一切有情眾生，發願下生人間，示現出家學道，成就無上正等正覺，而轉大法輪，化度芸芸眾生，使他們滅盡一切諸苦，成就無上佛道。

◀兜率天常有即將成佛的菩薩淨土，祂們發願度化有情，常行善法，持戒清淨，演說正法。菩薩亦常發願饒益廣大眾生，故下生人間，弘揚正法。

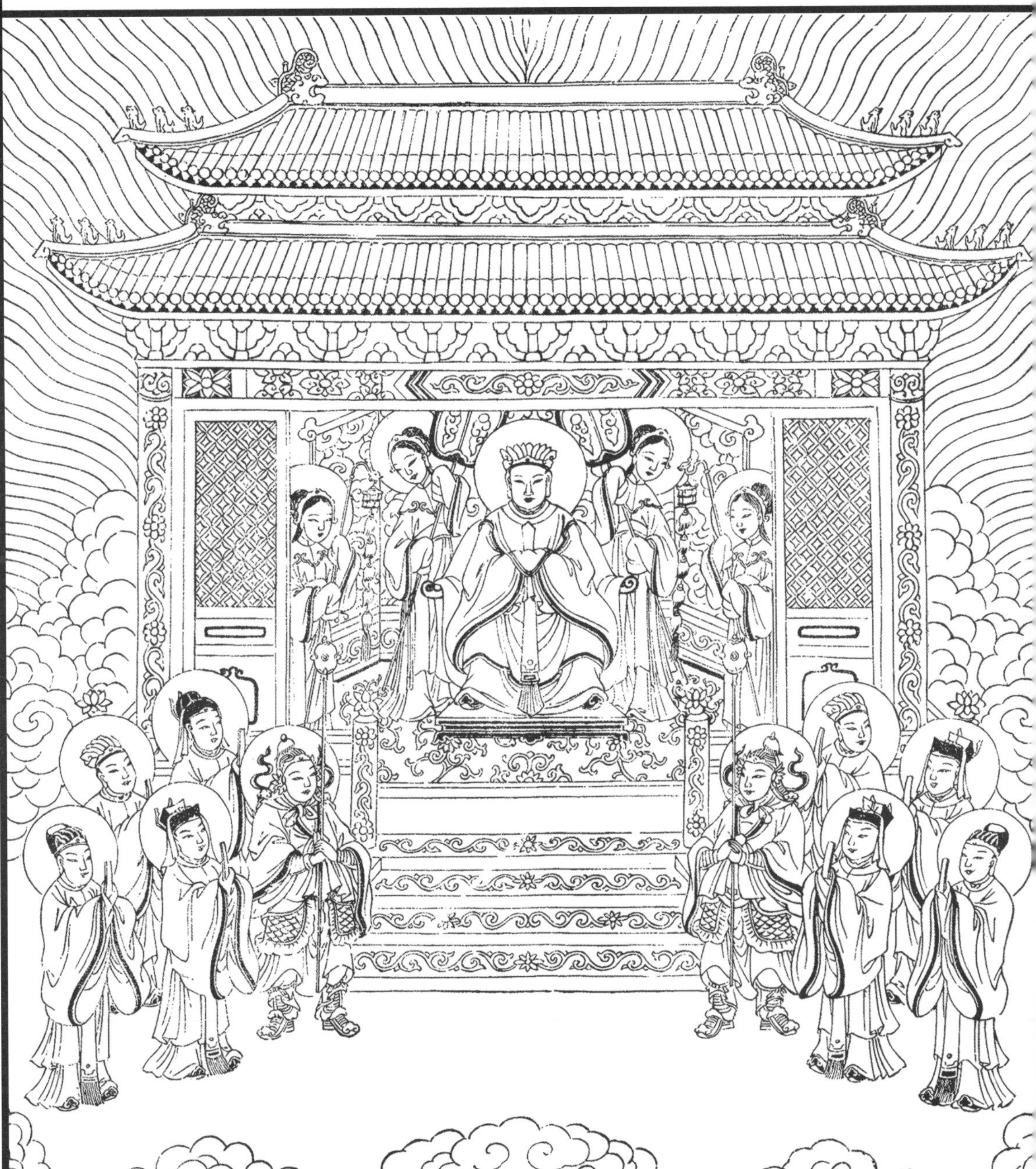

上託兜率

佛本行集經❶云。爾時護明菩薩。從迦葉佛所。護持禁戒。梵行清淨。命終之後。正念往生兜率天❷。而其一生補處菩薩。多生此天。智慧滿足。心生歡喜。在下諸天。多有放逸。上界諸天。禪定力多。寂定軟弱。不求下生。但受於樂。菩薩不然。但為教化天上諸天人。故生兜率天。諸天人眾。稱為護明菩薩。既生天已。諸天宮殿。光明照耀。自然莊嚴。復有無量莊嚴之事。菩薩設見最勝最妙五欲之樂。心不迷惑。不曾忘失正念。本緣住兜率天。滿四千歲。為彼諸天顯示法相。令其生厭。菩薩即以天眼遙觀下界。人間眾生造種種惡業。生老病死。眾苦逼迫。無解脫時。欲生人間。拔濟一切眾生種種諸苦。為欲安樂諸眾生故。為欲教化眾生說種種法。是故我今即當下生人間。出家學道。成阿耨多羅三藐三菩提。轉無上法輪。度諸眾生。滅盡諸苦。成無上道。

原典註解

①**佛本行集經**：《佛本行集經》內容極為廣博，集各部派佛傳大成，凡六十卷，從隋代開皇七年到十一年（西元五八七至五九一年），歷經闍那崛多譯，費長房等多人整理，至今仍未發現它原始梵文本，漢譯本為逐字直譯。內容大致分兩部分：關於釋迦牟尼佛出身的世系，以及生平到成道後教化六年事蹟因緣。

②**兜率天**：為欲界六天的第四天，從意涵解又稱妙足天、知足天、喜足天、喜樂天等，這是形容此界的天人，常常能生喜樂知足之心，多修喜足，故名喜足。關於此天的天人壽命，祂們的一日夜相當於人間的四百年，換算壽命約為人間五億七千六百萬年。兜率天有內外兩院，「外院」為凡者所居；「內院」則是即將成佛的菩薩所在的淨土。釋迦牟尼佛在下生人間成佛之前曾在此天修行並度化眾生，根據《彌勒上生經》，兜率天內院現在為即將下生成佛的彌勒菩薩說法教化的地方。

「兜率天降生」為成佛八相之一，為什麼即將成佛的菩薩要先往生於兜率天呢？《大毗婆沙論》提出了看法，比較了兜率天與其他天的利弊，認為兜率天能「厭離煩惱」，同時有「樂法菩薩眾多」等等殊勝的因素。

瞿曇貴姓

在劫初之時，平等王把王位傳給大茅草王。大茅草王的太子懿摩王，因為悟世間無常，讓王位與弟，跟隨瞿曇婆羅門學道。

瞿曇見這位太子真誠向道，便對他說：「你既然一心求道修行，就必須脫下這套王服，換上像我這樣修道者的衣袍，並且要改姓瞿曇。」從此，小瞿曇跟著師父入於深山，潛心修道。他白天乞食時，也因為形象與服飾都已經改變，無人能認得出他是過去那位國王。晚上，他則睡在甘蔗園的茅屋，日夜精勤修練。

有一天，一群強盜被官兵追捕，逃入甘蔗園中，官兵們跟蹤尋跡追到了園中，園中茂密，難尋蹤影，他們竟發現了小瞿曇，更誤把小瞿曇當成盜賊而拘捕帶走，儘管小瞿曇怎麼解釋，他們還是認定他就是盜賊。按照當時的刑法，處死犯人時要用高木樁將犯人綁起來，然後用箭射死。小瞿曇就這樣含冤而死，血流於地。

大瞿曇用天眼看到了這一切，便以神足通飛了過來，但已來不及。大瞿曇於是大聲地質問那些官兵：「我的徒弟究竟犯了什麼罪，你們竟用這樣的酷刑處死他？」

▶小瞿曇被誤認為盜賊，被酷刑處死，大瞿曇仙人以天眼觀而知，欲以神足飛奔搶救，但為時已晚。世人只憑肉眼所見，無法周全，難免有冤，宜審慎之。

瞿曇❶貴姓

釋迦譜❷云。自劫初平等王。至大茅草王。子懿摩王。王遜位與弟。從婆羅門學。姓曰瞿曇。而受之言。當去王衣。如吾所服。受瞿曇姓。既入深山。形服殊異。無能識者。於甘蔗園。以為精舍。時有盜賊。從由園過捕盜尋跡。執小瞿曇王。令以木貫身。射之。立以為標。血流於地。大瞿曇仙。天眼見之。神足飛來。我徒何罪。酷乃是乎。

原典註解

①**瞿曇**：梵名Gautama 或Gotama，又作喬答摩等，為印度剎帝利種之一，其中Go（瞿）為「土地」或「牛」之義，tama有最勝之義，意指除天之外，於地上的人類中，為最勝之族姓，故稱「地最勝」。又tamas為「暗黑」之義，而有「暗牛」、「牛糞」等譯語，指群牛中最巨大者，源於印度自古重視牛之風俗之解釋。而Gotama為古印度瞿曇仙人之姓，其子孫則稱為Gautama，故釋尊所屬之族姓，即瞿曇仙人之後裔。關於瞿曇姓氏緣由典故，漢語經典除《釋迦譜》外，《十二遊經》、《眾許摩訶帝經卷二》均有記載。

②**釋迦譜**：《釋迦譜》共五卷，為梁僧祐所撰，是現存漢傳佛傳中最古的版本之一。撰述的用意在顯明佛應化事蹟。作者僧祐總集有關的經、律、傳記原文，連貫首尾，加以會通說明，將釋迦的史跡，上溯到釋迦佛的氏族源起，到佛滅後的法教流傳。

咒成男女

大瞿曇仙人在愛徒含寃死後，內心十分悲痛，他在心中想著：我還能為徒弟做些什麼呢？於是他把滴在土地上的血，混合泥土捏成血團，帶回精舍。左側所流下的血置於左瓶中，右側的血置於右瓶。然後念咒道：「但願天神有知，憐憫我的徒弟，就讓這血團變化為人吧！」

就這樣經過十個月，左邊的血團化成男童，右邊的血團化成女孩，仍以瞿曇為名，又叫甘蔗。孩子們長大之後傳宗接代，一直傳到師子頰王時，有四位太子，長子名淨飯，二子名白飯，三子名斛飯，四子名甘露飯。

當時印度的種姓制度，分成四種階級：最高的剎帝利，屬於王公大臣一類；其次為婆羅門，屬於宗教師；接著為吠舍，屬於經商行業；最低為首陀羅，屬於農工奴僕。前二是貴族階級，後二為賤姓階級。

釋迦佛就是在這種階級鮮明的時代氛圍中降生於人間，以其尊貴的身分，方便調伏剛強難化的眾生。淨飯王的遠祖因為能夠捨國修行，所以後代蒙其德澤，皆為貴族種姓。

▶大瞿曇仙人忍住了悲傷，祈求天神給個公道和奇蹟，死後的血泥團還能變化為人。這不可思議的神話，意涵修行者的意志，不會因肉身的滅去而消失。

呪成男女

釋迦譜云。大瞿曇[1]仙人。取土中血。以泥團之。持還精舍。左血著於左器之中。其右亦然。瞿曇仙人。乃咒願曰。願天神有知。使血化成為人。卻後十月。左即成男。右即成女。因名瞿曇。或名甘蔗。至師子頰王。生四太子。一名淨飯。二名白飯。三名斛飯。四名甘露飯。印度族姓有四。剎帝利。王種。婆羅門。淨行種。吠奢。商賈種。戍陀羅。屠劊種。前二貴姓。後二賤姓。隨時所尚。佛生其中。釋迦出剛強之勢。托王種之振威。淨飯遠祖。捨國修行。受瞿曇姓。世為貴種。

原典註解

①**大瞿曇**：關於「瞿曇」之種種語義，因而隨之衍生種種傳說神話。瞿曇仙人賦予一種修道人出離世間的意象，將死亡的鮮血混著泥團能變化出男女人，傳承瞿曇族氏，暗喻在這土地上人類，此族最為殊勝。在《中觀論疏》指出兩種因緣，其一，釋迦先祖雖為王，但厭世出家；其二，小瞿曇遇害之後，大瞿曇以土和其血，各生男女，故有「瞿曇」姓流傳。故事似乎寓意某種象徵性意義。然而依《俱舍論光記》所載，瞿曇族氏的傳說又有不同說法，相傳剎帝利種被篡位，父死子逃，仙人收養其子，長大後，小兒被王所抓，仙人知其不可活命，於是現一女子，動其情欲，小兒因而泄精於地，仙人則以牛糞包裹而歸，放置在甘蔗園中，在日光長久照耀下，牛糞團開割，竟生出一子。此子後長大為王。故「瞿曇」又為牛糞種，或名地種、日種等意譯。此外，在《大日經疏》卷十六又記載，瞿曇仙人在空中行淫欲之事，因而有二渧污降落於地面，生成了甘蔗，之後經日光照射，生出了二子。可見種種「瞿曇」族氏的傳說不盡相同。

家選飯王

當時善慧菩薩，廣修萬行，功德圓滿，登於十地的菩薩位階，相當於一生補處菩薩，深具一切種智，在兜率天為諸天主宣說如何修正到菩薩道一生補處的位階；並同時在十方國土隨類化現種種身，順應眾生種種根基而說法。

善慧菩薩就這樣在兜率天壽期滿之時，將下生人間示現成佛，當時呈現了五種瑞相：一者放大光明、二者大地十八相動、三者魔宮隱蔽、四者日月無光、五者天龍八部悉皆震動。

善慧菩薩又觀察五件事：一者觀察眾生得度因緣是否已經成熟、二者觀察此時度化是否最為適宜、三者觀察哪個國土最為殊勝、四者觀察哪個種族最為尊貴、五者觀察過去因緣，誰最適合成為祂的父母。

就這樣，在慎重思量後作出判斷：摩竭提國的皇后雖賢良，國王心思不正；和沙國則受他國挾制；維耶離國，逞凶鬥狠；鐙樹國人民，舉動皆妄……其他國家則皆屬於邊地，不適宜受生。只有迦毗羅衛國，地處世界之中央，在諸種姓中，則以剎帝利最為尊貴，因為他們是瞿曇後裔、聖王後代，而此國主淨飯王性行仁賢，所作清淨，英明智慧；摩耶夫人賢德無雙，這夫婦堪為祂的父母，於是決定降生於淨飯王之家

◀ 菩薩觀五事，一者眾生因緣、二者時機、三者國土殊勝、四者種族尊貴、五者觀過去父母因緣。最後祂選擇適合的父母才出生，即淨飯王與摩耶夫人。

家選飯王

家選飯王❶

因果經云。爾時善慧菩薩功行滿足。位登十地。在一生補處❷。近一切種智。生兜率天。名聖善慧。為諸天主說一生補處之行。亦於十方國土現種種身。為諸眾生隨應說法。期運將至。當下作佛。現五種瑞。一者放大光明。二者大地十八相動。三者魔宮隱蔽。四者日月無光。五者天龍八部悉皆震動。又觀五事。一者觀諸眾生緣熟。二者觀時將至。三者觀諸國土何國最勝。四者觀諸種族何族尊貴。五者觀過去因緣誰最真正應為父母。即自思惟。摩竭提國其母雖正。其父不真。和沙國受他節度。維耶離國多好鬪諍。鏺樹國舉動皆妄。餘國邊地皆不應生。唯有迦毗羅衛國於此三千大千世界。此閻浮提最處其中。諸族種姓剎帝利第一。瞿曇苗裔。聖王之後。其淨飯王於諸世間具足清淨。性行仁賢。聰明智慧。夫妻真正。堪為父母。即當於彼王種中生。

原典註解

①**飯王**：即淨飯王。「淨飯」，音譯首圖馱那。又作白淨王、真淨王，為迦毗羅國之主，根據經載，淨飯王為師子頰王之長子，其以摩耶及摩訶波闍波提為王妃，佛陀即摩耶夫人所生。淨飯王生二子，第一子為悉達多，即釋迦牟尼佛；第二子為難陀。淨飯王晚年孤寂，後皈依佛陀，七十六歲（另說九十七歲）逝世。關於淨飯王過去世因緣，於《雜寶藏經》卷一〈王子以肉濟父母緣〉，《大方便佛報恩經》卷一〈孝養品〉均有紀載。《淨飯王般涅槃經》記載佛陀及難陀為淨飯王送葬一事。

②**一生補處**：所謂菩薩「一生補處」，或譯作一生所繫，指菩薩修行的最高位階，即等覺位菩薩，原有「最後之輪迴者」之義，也就是經過此生，來生一定可以降生世間成佛。依據《佛說觀彌勒菩薩上生兜率天經》，彌勒菩薩即為一生補處菩薩，彌勒菩薩現今於兜率天，待其此生結束後，當下生於人間，將在娑婆補釋迦之佛位。另據《無量壽經記》卷上，一生補處菩薩可分四位：

一、住正定位之菩薩。

二、接近佛地之菩薩。

三、住兜率天之菩薩。

四、自兜率天降至人間下生而成佛。

乘象入胎

善慧菩薩從兜率天宮降生母胎時，摩耶夫人在睡夢中看見一菩薩乘六牙白象騰空而來，自右脅而入。她頓時感到身體淨如琉璃，舒暢愉悅，如飲了甘露一般，日月光明照耀著她。

醒來之後，便告訴淨飯王夢中所見的一切。於是淨飯王立刻找來精通占相的婆羅門，詢問他有關摩耶夫人的夢境，究竟透露了哪些未來吉凶之事。占相師在占卜之後，發現夫人所懷太子具有的吉祥妙相是難以盡說的。他這樣對國王說：「夫人懷的是聖子，將來一定能光顯釋迦族。因太子降胎時，放大光明，有諸天神護侍圍繞，此乃是正覺的瑞相。他若不出家，必成為轉輪聖王，統御四方天下，國泰民安。」

就這樣，摩耶夫人自從懷孕之後，每日精修六度波羅蜜的功德，也不再食用人間葷腥食物。期間三千大千世界六種震動，所有疾病患者也治癒，百穀苗稼自然豐稔，舉國安康。

◀乘六牙白象入母胎，六牙即六度波羅蜜與六神通，白象即是普度之意。象徵著以廣大慈悲與智慧之願力降生於人間。

乘象入胎

乘象入胎❶

因果經云。爾時善慧菩薩。從兜率宮降神母胎。於時。摩耶夫人於眠寤之際。見菩薩乘六牙白象騰空而來。從右脅入。身現於外。如處琉璃。夫人體安快樂。如服甘露。顧見自身。如日月照。見此相已。廓然而覺。便至淨飯王所。白言。我於眠寤之際。夢見菩薩乘六牙白象來入我右脅。此何瑞相。時王即召善相婆羅門至。說夫人所夢有何凶吉。婆羅門占曰。夫人必懷太子。此善妙相。不可具說。今當為王略而言之。今此夫人必懷聖子。定能光顯釋種。降胎之時放大光明。諸天釋梵執侍圍繞。此相必是正覺之瑞。若不出家。為轉輪聖王。王四天下。七寶自至。千子具足。時摩耶夫人自從菩薩處胎以來。每日精修六波羅蜜功行。天獻飲食自然而至。不復樂於人間之味。三千大千世界六種震動。諸抱疾者皆悉除愈。百穀苗稼自然豐饒。國大安樂。

原典註解

①**乘象入胎**：在佛教的文獻中，一切菩薩在入母胎時，都以白象之形，如「乘六牙白象」入胎的圖像，這是因為白象具有大威勢力且性情溫順，沒有龍或獅子的殺傷力，《異部宗輪論疏述記》：「以象調順，性無傷暴有大威力如善住龍，故現此儀。意表菩薩性善柔和有大勢。」白象象徵菩薩善柔有普度眾生的大勢之力，普賢菩薩之圖像即坐騎六牙白象，比喻其大慈力，傳說普賢菩薩的六牙白象原本是大自在天神的長子，自願擔任坐騎，後演變為佛教護法神。而白象的六牙代表了六度或六神通，四足則代表四如意，《普賢觀經》云：「六牙表六度，四足表四如意足。」又《摩訶止觀》云：「六牙白象者，是菩薩無漏六神通。牙有利用如通之捷疾。像有大力，表法身荷負。無漏無染，稱之為白。」另外，在《雜寶藏經》〈六牙白象緣〉提到六牙白象是釋迦佛陀某一世的化身，故事中國王懸賞黃金百兩，於是一位狡詐獵師披著袈裟，來到六牙白象的居所，以毒箭射向象王。象王問獵師：「為甚麼要用毒箭射我？」獵師說：「我是來索取你的象牙。」白象便將白牙穿入樹幹，絞出自己的白牙，布施給獵師，並當下發願：「願我來世拔除一切眾生三毒之牙。」

樹下誕生

摩耶夫人懷孕滿十個月，將要生產時，許多官人彩女一路護送摩耶夫人回到家鄉待產。

摩耶夫人到達藍毗尼園這吉祥之地時，很安詳的散步，觀賞著花園景致，園中有一無憂樹，枝葉柔軟低垂。

夫人就舉右手攀著那樹枝，這時太子便出生了，太子全身放大光明，遍照四方。當時天神以細微妙天衣裹手，承接太子。

◀藍毗尼園位於今尼泊爾南部平原上，佛祖誕生遺址即在此地，當年摩耶夫人攀扶無憂樹而生太子，如今樹已枯死，現以菩提樹取代，供後人朝拜追思。

樹下誕生

本行經[1]云。摩耶聖母。懷孕將滿十月。垂欲生時。引諸彩女。遊嵐毗尼[2]園大吉祥地。安詳徐步。處處觀看。園中有一大樹。名波羅義。柔軟低垂。夫人即舉右手。攀彼樹枝。遂生太子。放大光明。即時諸天世間。悉皆遍照。時天帝釋。將天細妙憍尸迦衣。裹於自手。承接太子。

原典註解

①**本行經**：《本行經》又名《佛本行經》，又名《佛本行讚傳》，劉宋時寶雲譯，為偈讚佛之之偈文。但根據《佛本行集經》〈樹下誕生品〉：「菩薩初從母胎出時，時天帝釋將天細妙憍尸迦衣，裹於自手，於先承接，擎菩薩身……」由此來看，本文的內容與《佛本行集經》的經文較為相近。因此，判斷這裡所註的《本行經》應該是指《佛本行集經》。

②**嵐毗尼**：又稱「藍毗尼」，梵語 Lumbinī 或 Lumbini，有「可愛的」之意，又譯為花果等勝妙事具足，此園為釋迦牟尼的誕生地，位於尼泊爾境內，德賴平原魯潘德希縣村落附近，靠近印度的邊境小鎮魯明迪旁，距尼泊爾首都加德滿都二百八十公里，為佛教徒朝聖的四大聖地之一。阿育王曾經到此朝拜並建石柱，柱高約六至七公尺左右，依《大唐西域記》卷六紀載：「四天王捧太子窣堵波側不遠，有大石柱，上作馬像，無憂王之所建也。後為惡龍霹靂，其柱中折仆地。」如今柱頭馬像已失，柱體有一道裂縫，可能是雷電的襲擊，石柱上刻有婆羅哈彌（Brahmi）字體的阿育王銘文，寫著：「天佑慈祥王（即阿育王）登基廿年，親自來地朝拜，此處乃是釋迦牟尼佛誕生之地。茲在此造馬像、立石柱以紀念世尊在此誕生。並特諭藍毗尼村免除賦稅，僅繳收入的八分之一。」藍毗尼園遺址曾經荒廢多時，西元一八九六年被印度著名考古學家亞歷山大．孔林漢考證，經多次勘查發掘，一九九七年被聯合國教育、科學及文化組織列為世界文化遺產。遺址中央是白色的摩耶夫人祠，祠內有摩耶夫人誕子的浮雕，浮雕雖殘缺不全，人物輪廓尚可辨認，祠南是一長方形水池，相傳為太子降生後洗淨之處，現已乾枯，池旁有一棵大菩提樹。著名的阿育王石柱在摩耶夫人祠西。

九龍灌浴

四大天王抱著太子迎向摩耶夫人。這時太子不用旁人扶持，就能在四方各行七步，每走一步，地上便自然湧出大蓮花。

太子眼觀四方，舉其右手，而作獅子吼：「天上天下，唯我獨尊，我於一切天人之中最尊最勝，無量生死於今盡矣，此生利益一切人天。」說完之後，一切諸天及人，皆歡喜讚歎，生大恭敬心。

四大天王以天衣接太子身，將他置於寶座，難陀龍王、優波難陀龍王等在虛空中吐清淨水，花園中突然湧出二池，一溫一涼，貯滿清淨之水。又見虛空中有九龍吐泉，灌浴太子之身，諸天人們演奏妙音，空中散下繽紛香花供養太子。這時十方大地現六種震動，一切眾生都感受到前所未有的喜悅。

太子在印度誕生時，正當中國周昭王二十四年，甲寅歲四月初八。這一天，江河之水源源不絕，山川宮殿震動，空中放五色光芒射入太微宮。

周昭王急問群臣，這是什麼樣的瑞相呢？太史蘇由奏說：「此瑞相是西土有大聖人誕生，千年之後，將有教法東傳來我國。王即敕令把此事鐫記於石，埋在南郊，以備後世考證。」

◀太子舉起右手作獅子吼：「天上天下，唯我獨尊，我於一切天人之中最尊最勝。」之後，虛空中九龍吐泉，灌浴太子之身，諸天妙音，空中散花。

九龍灌浴

九龍灌浴[1]

本行經云。四大天王。抱持太子。向於母前[2]。無人扶持。即行四方。面各七步。舉足出大蓮華。觀視四方。口自唱言。天上天下。唯吾獨尊。一切世間。諸天及人。恭敬供養。地忽自然湧出二池。一冷一暖。清淨香水。又虛空中九龍吐水。浴太子身。諸天音樂。雨妙香華。供養太子。十方大地。六種震動。一切眾生。皆受快樂。當此土。周昭王二十四年。甲寅歲。四月八日。是日江河泛溢。山川宮殿震動。有五色光。貫太微宮。王問群臣。太史蘇由奏曰。西方有聖人生。卻後千年。教法來此。王令鐫石。埋於南郊誌之。

原典註解

①**灌浴**：即「浴佛」之意。佛教傳入中土，浴佛儀式就在中國流傳，「浴佛」或「灌佛」成為後世紀念佛陀誕生的活動，又稱浴佛節、灌佛會或佛誕日等。「浴佛」之起源，據漢傳經典所云，太子降生時，有九龍（或二龍）吐水洗浴聖身的傳說，《普曜經》卷二：「九龍在上而下香水，洗浴聖尊，洗浴竟已身心清淨。」又《過去現在因果經》卷一：「難陀龍王、優波難陀龍王，於虛空中，吐清淨水，一溫一涼，灌太子身。」不過此說在古印度即已流傳，近代印度鹿野苑和阿摩羅婆提出土的佛傳雕刻中，也都有這樣情景的構圖。其實洗浴的儀式源自古印度，婆羅門教即有浴像風俗，據《大寶積經》卷一百，無垢施和五百婆羅門，持滿瓶水，出至城外，想洗浴天像，這時婆羅門見到比丘在門外立，認為不吉祥，無垢施辯說：「能為多眾生，洗除一切惡。此等皆清淨，盡見四聖諦。」於是感化了五百婆羅門皈依佛陀。因為「浴佛」的典故，所以佛誕日又稱為「浴佛節」。但關於佛陀的出生日期，各區曆法的轉算有所不同。北傳佛教地區，是依照尼泊爾曆法的二月初八，換算成中國農曆的四月初八為佛誕日。南傳佛教的佛誕日又稱「衛塞節」，「衛塞」是古代印度曆的月份名稱，根據曆法是在陽曆五月的月圓之日（通常為陰曆四月十五日），以「月圓」日為佛陀紀念日，象徵佛陀德智圓滿、福慧具足，一直到一九五四年，訂定此日為「世界佛陀日」，並獲得聯合國承認，因此國際的正式名稱是「聯合國衛塞節」（United Nations Day of Vesak）。

②**四大天王，抱持太子，向於母前**：據《佛本行集經》〈樹下誕生品〉：「菩薩初從右脇生時，四大天王抱持菩薩，將向母前示其母言：『世大夫人！今可歡喜。』夫人生子，既得人身，諸天猶尚歡喜讚歎……」由此來看，本文的內容與《佛本行集經》經文較為相近。

從園還城

有位大臣來到藍毗尼園門外，見一宮女急急忙忙跑出，一見到大臣，便歡天喜地對他說：「摩耶夫人已經生下太子了，你趕快回宮，向國王稟報這個好消息吧！」大臣立即調來馬匹，奔馳如風地回去王宮，還沒見到國王，就沿途敲鑼打鼓。

這時淨飯王坐在寶殿上與大臣們談論著國政大事，突然聽到鼓聲震響，便問群臣發生了什麼事，大臣向國王說：「恭喜大王！夫人生下了太子，太子如天人一般，身黃金色，放大光明。」國王聽到這個好消息，便與隨從前往園中看望。國王到了藍毗尼園，慰勞了摩耶夫人之後，便說：「在太子出生的地方佈置好，我要好好地看看太子。」侍衛佈置完畢，宮女便抱著太子與國王相見。國王心想：我的太子如此尊貴，該用什麼轎入城呢？

這時即有天神變化了七寶轎輿，四大天王各變成抬轎人，抬著太子所坐的寶車緩緩而來。他們身著黃衣，左手執金瓶，右手持寶杖，一路開道，護衛著太子。而空中還有許多諸天女各持珍寶香爐，燃種種微妙之香，在前引導著。

◀諸天神護衛太子入城，天神變化了七寶轎輿，四大天王各變成抬轎人，抬著太子所坐的寶車緩緩而來。空中諸天女以種種微妙之香，在前引導。

從園還城❶

本行經云。有一大臣。詣嵐毗尼園外立。見一女人疾走而出。歡喜踴躍。見已報言。國大夫人。產一太子。汝今可還向大王所奏是喜事。大臣調馬行疾如風。未見於王。先打歡喜之鼓。淨飯王。坐寶殿上。輔相大臣。治理國政。忽聞歡喜鼓聲。時王驚問。大臣答言。大王夫人生一太子。形似天人。身黃金色。放大光明。王聞是言。即往園中。欲看太子。至彼園已。白夫人言。宜於太子住處。作吉祥事。吾欲面見。觀視太子。時有女人。抱持太子。將詣王所。時淨飯王自心思惟。太子入城。作何輦輿。時毗首羯磨天。化作七寶輦輿。四大天王❷。各變其身。悉並年幼。頭為螺髻。端正可喜。躬御太子寶輿而行。時淨飯王。令諸童子。身著黃衣。左手執金瓶。右手持寶杖。在太子前。翊從而行。復有無量諸天玉女。各持諸天雜寶香爐。焚燒種種微妙之香供養太子。引導而行。

原典註解

①**從園還城**：從文句來看，本文內容比較接近《佛本行集經》〈從園還城品〉：「爾時，護世四大天王，各變其身作婆羅門，悉並幼年，端政可喜，頭為螺髻，躬擔菩薩寶輿而行。是時釋天亦隱本形，化作童年婆羅門子，端政如前，頭旋螺髻，身著黃衣，用其左手，執金澡瓶。」然而，《佛本行經》並沒有獨立這一品。因此判斷這裡的《本行經》應該是指《佛本行集經》（隋朝闍那崛多、費長房等譯）。比對本書原典註《本行經》的文題與內容，都與《佛本行集經》各品內容，都十分吻合相近，而《佛本行經》（劉宋寶雲譯），則僅有偈讚佛偈文，因此，本書應是大量採用了《佛本行集經》各品內容。

②**四大天王**：在欲界天護佛法的四位天王，又稱護世四天王、護世天。須彌山半腹有一犍陀羅山，山有四頭，四王各居之，各護一天下，《佛說四天王經》載，四天王從屬於帝釋天，每月六齋日觀察人之善惡行為，勸人守戒行善。東方持國天王，謂能護持國土，居須彌山黃金埵；南方增長天王，謂能令人善根增長，居須彌山琉璃埵；西方廣目天王，謂以淨天眼常觀擁護此閻浮提，故居須彌山白銀埵；北方多聞天王，謂福德之名聞四方，故居須彌山水晶埵。四天王及天人之壽命為五百歲，其一日夜相當人間五十年。

仙人占相

迎太子回宮後，淨飯王就找來占相師為太子看吉凶。相師等一心瞻仰太子形貌，在瞻仰過太子的形貌後，各依據古聖典籍所記載的內容來評斷，並對國王說：「這太子身具三十二種人中之貴的德相，在這世間有兩種可能，如果是在家人，他繼承王位之後，將可以成為一統天下的轉輪聖王，七寶具足，享極世間榮華富貴；但如果他放棄王位，出家修道，將可成為如來世尊，作天人師，傳揚教法，流傳世界。」

相師走後，又有一位修道人名阿私陀，他從遙遠地方走來，說到：「國王慈悲啊！能否讓我見太子一面就好。」國王見他十分誠懇，便命人把太子抱出來。仙人阿私陀雙手接過太子，安於頭頂上，又放到膝上，然後對國王說：「此太子，頭圓鼻直、足豐滿手臂長、身黃金色、具三十二相、八十種好，他將來必定出家學道，成就無上正等正覺，轉無上法輪，為一切眾生宣說正法，凡有緣聽到教法的人，都可以解脫輪迴生死。」

仙人說完之後，心中有些悵然，自言自語：「漫漫長夜，不聞如來正法，如今難得有佛能出興於世間，但是我已經衰老了，恐怕等不到如來宣說正法的那時候了，錯過這殊勝的因緣，只有抱憾而終。一想到裡，由不得悲涕懊惱！」於是乘空而去。

◀阿私陀仙人具神通，神足飛天自在，卻哀泣說：「可惜我壽命將盡，無緣親見太子成佛，聽聞教法。」縱然得遇佛出世，亦無緣聞法。可知佛法難聞。

仙人占相

仙人占相

本行經云。爾時淨飯王即召相師觀占太子吉凶之相。諸相師等一心瞻看太子形容。各依先聖諸論荅言。此太子者。有大威德。今生王家。身有三十二相。於世間中則有二種。若在家受世樂者。則作轉輪聖王[1]。七寶具足。若捨王位出家學道。得成如來應正遍知。名稱遠聞充滿世界。復有阿私陀仙[2]至淨飯王宮求見太子。大王慈恩。願當示我。夫人手抱太子。令向仙人。仙人兩手抱持太子安於頂上。復置膝上。即報王言。今此太子。身黃金色。頭圓鼻直。足滿臂長。猶如金像。備具三十二相。八十種好[3]。必定出家學道。得成阿耨多羅三藐三菩提。當轉無上法輪。能於一切天人魔梵沙門婆羅門等闡揚正法。若聞法者皆得解脫。仙人言已作是思惟。今當有佛出興於世。自恨衰老不值如來。常處長夜恒迷正法。於是悲啼懊惱。歔欷哽咽。乘空而去。

原典註解

①**轉輪聖王**：轉輪聖王之說盛行於佛陀時代，當時印度各邦分裂已漸趨統一之勢，故有此種轉輪王之治世理想，諸經所舉例者有頂生王、大善見王、民主善思王等，皆是印度太古出世之王。《長阿含》卷六〈轉輪聖王修行經〉有載，當彌勒佛下生人間時，儴伽轉輪聖王將會出現。依《中阿含經》卷十一〈七寶經〉載，轉輪聖王擁有七寶（輪寶、象寶、馬寶、珠寶、女寶、主藏臣寶、主兵臣寶），此外，又具足四德（長壽、無疾病、容貌出色、寶藏豐富），在其治下，國土豐饒，人民和樂。此治世，在佛滅度後二百餘年，有阿育王之盛世出現。

②**阿私陀仙**：為中印度迦毗羅衛國之仙人，初為師子頰王之臣，後辭官出家潛修，具足五通，能自在出入天界集會之處所。後聽聞佛陀誕生時，於是與侍者那羅陀至王宮，為太子占相，預言太子將會成佛。又悲歎自己年華已老，無法逢太子成道，聽聞正法，故而垂淚，於是告訴侍者那羅陀童子：「那羅陀童子，你要知道有佛出現於今世間，你當隨佛出家學道，修習梵行，可得大利益，大安樂。」

③**「三十二相」及「八十種好」**：這是佛菩薩之身所具足之殊勝容貌形相。顯著易見的有三十二種，如：足安平相、千輻輪相……等；微細隱密難見的有八十種，如：指爪狹長薄潤光潔、手足指圓纖長柔軟節骨不現、手足各等無差、諸指間皆充密……等，又稱八十隨形好。轉輪聖王亦能具足三十二相，但八十種好則只有佛、菩薩才能具足此相。

大赦修福

淨飯王在聽了占相師及阿私陀仙人的預言之後，知道太子未來將光耀釋迦族，非常欣慰。於是召集臣子，宣達道：「各位聽好了，為了慶賀太子的出生，我將下令國中所有監獄犯人全部赦免，希望他們能改過自新；還有一切禽獸也一併放生，令牠們返歸自由，好好安享天年。」然後又對國師婆羅門說：「如果有精進修道的婆羅門，無論聚集百人或千人，只要有所需求，都布施給他們；所有修道院、廟堂等，都好好地整治，依法祭祀，好好為太子祈福吧！」

國師婆羅門依照國王的命令，從四方召來三萬二千婆羅門，連續七天日夜，分批次進入王宮，接受物資和錢財的布施。所有功德，皆回向太子，祈願增進福德。淨飯王因為太子而大歡喜，一切群臣都來聚集，也赦免了天下囚犯，百千乳牛犢，強壯色鮮，還有種種奇珍異獸，都獲得自由，錢財穀物衣帛等物，都布施給僧侶與婆羅門祭祀。

◀淨飯王為慶賀太子的出生，並為太子祈福，赦免國中所有監獄犯人，放生一切禽獸，布施修道的婆羅門，整修各道院、廟堂。舉國安樂。

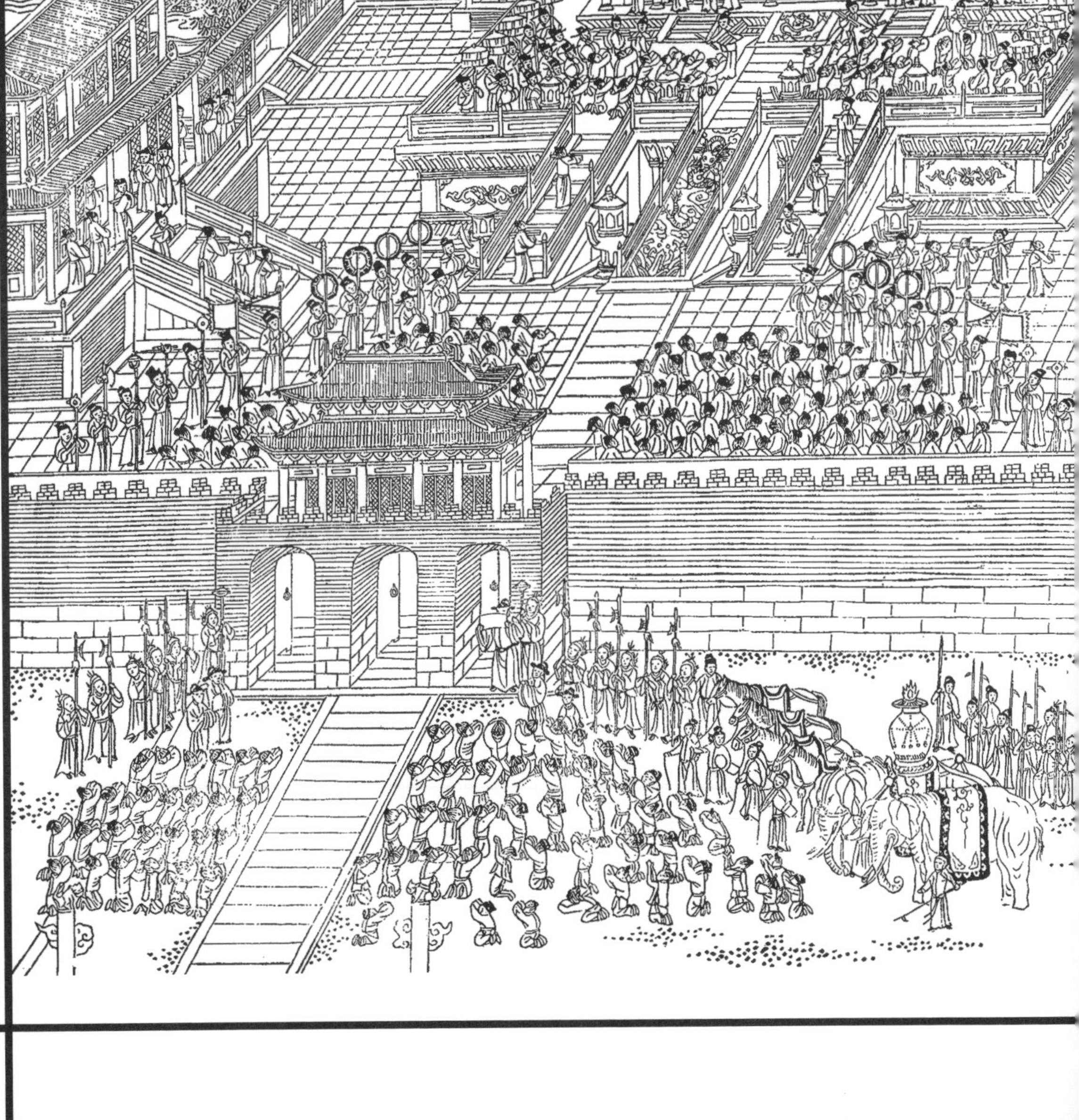

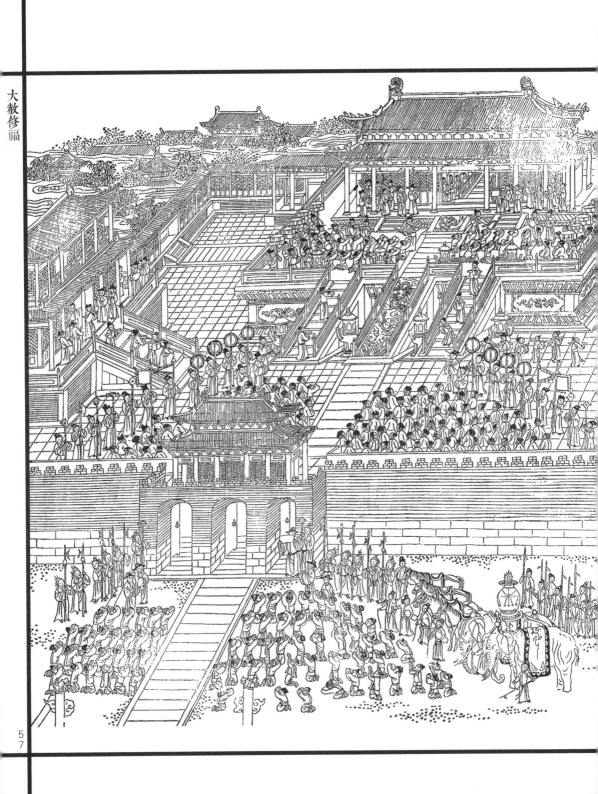

大赦修福

佛本行集經云。爾時淨飯王告諸群臣等言。卿諸臣等。為我太子。國內所有禁繫囚徒皆悉放赦。令得解脫。乃至一切諸禽獸等。亦並放捨。復告國師婆羅門言。若知所有精進諸婆羅門等。或百或千。聚集之處。隨意所須悉皆布施❶。所有天寺及神廟堂。皆令修治。依法祭祀。為我太子。令得大福。爾時國師婆羅門等即依王命。四方召得三萬二千諸婆羅門。日別令入淨飯王宮。所有資財悉持布施。滿七日夜。所有功德回施太子。願令增進。而說偈言。淨飯王心大歡喜。以生福德太子故。一切羣臣皆聚集。天下囚繫普放恩。誕育既稱適本心。殷重欲為作生法。持彼百千乳牛犢。皆金裝角銀飾蹄。年齒悉壯毛色鮮。各各從犢隨其後。膚體充肥多乳汁。一頭一捋得十升。更有無量種珍奇。錢財穀帛諸雜物。為令太子增益故。布施於彼婆羅門。

原典註解

①**布施**：在佛教中認為布施是修福德的因，如《雜阿含經》云：「淨信心惠施，此世及後世，隨其所至處，福報常影隨。」

據此《雜阿含經》卷三十六故事，有一位容貌莊嚴的悉鞞梨的天人，前來禮拜佛陀，問：「天人衣食無缺，享受福報，有些世間人也是如此。為什麼他們能夠常享福報呢？」佛陀說：「如果想要在今世、後世，都能常享福報，要捨除慳貪，以歡喜、平等、無所求心廣行布施，如此就可以生生世世安享福報。」天人說：「長久以來，我始終如此布施修福，因此能夠獲得殊勝的福報，享受如意的生活，無有窮盡。我所作的一切功德及所感召的福德果報，都匯集到大功德海中，就如同此河一般深廣無邊，不可稱量。」

姨母養育

當時太子誕生滿七天，摩耶夫人身體卻逐漸消瘦，不久便命終，死後神識轉生忉利天上，雖轉生天上，仍思念著太子，便與諸天女各持香花等供品，從虛空飄下到太子的居所，處處散花，接著便到淨飯王宮中，對他說：「我過去懷太子十個月，感受到無比的快樂，我今已得生天，也是一樣的快樂，願大王您珍重，不必為我而生憂苦。」說完之後，便隱身返回了天宮。

淨飯王知道夫人已經生天，就把太子交付給姨母摩訶波闍波提，並對她說：「太子母親已經生天，你是太子的親姨母，應該由你來養育，你好好地愛護他，按時來乳育，讓太子能夠平平安安長大。」

此外，又特別選了三十二名宮女來協助姨母，八位宮女輪番抱持，八位宮女按時洗浴，八位宮女依時哺乳，八位宮女與太子嬉戲。摩訶波闍波提就依淨飯王所交代，盡心盡力地照顧太子，日日月月，從初一到十五的月亮，清淨圓滿，沒有缺陷；又像尼拘陀樹，因為種在好的土地，而能漸漸成長為大樹。此外，從太子出生以來，因為太子的福德，淨飯王宮中財富逐日增長，沒有匱乏。

◀摩耶夫人於太子誕生滿七日，即往生忉利天，太子便由姨母撫養。摩耶夫人對淨飯王說：「我已得生天，願大王您珍重，不必為我而生憂苦。」

姨母養育

本行經云。爾時太子既以誕生。適滿七日。摩耶夫人其形羸瘦。遂便命終。即便往生忉利天上。在於天上思憶太子。與諸婇女左右圍遶。各持天妙香華。從虛空下詣太子所。處處遍散。漸到王宮。語淨飯王言。我於往昔懷孕之時。滿足十月。受於快樂。我今得生天上。還受快樂。願莫為我生大憂苦。即便隱身還彼天宮。時淨飯王即將太子付囑姨母摩訶波闍波提❶言。汝是太子姨母。應當養育。善須護持。應令增長。依時乳育。又別揀取三十二女。令助養育。八女抱持。八女洗浴。八女令乳。八女戲弄。爾時姨母謹依王勅。不敢乖違。姨母養育太子。譬如日月。從初一日至十五日。清淨圓滿。養育太子亦復如是。又復譬如尼拘陀樹。得種好地而漸增長。後成大樹。從其太子出生已來。淨飯王家。一切財物金銀珍寶牛羊象馬。日日增長。無所乏少。

原典註解

①**摩訶波闍波提**：為悉達多（釋迦牟尼佛）之姨母，又稱波提夫人，又譯作大愛道瞿曇彌、瞿曇彌大愛，為釋迦族瞿曇姓之女，即佛母摩耶夫人之妹。摩耶夫人生太子後，經七日命終，便由波提夫人代為養育。其後，波提夫人又生難陀。釋迦牟尼佛成道後第五年，淨飯王命終，夫人之子難陀亦出家，便率耶輸陀羅及五百釋迦族女，請佛准其出家。佛陀原本不許，夫人於門外涕泣，阿難再三求佛，佛陀有感於多年養育之恩，乃許其出家。此為佛門有比丘尼之始，且親自統理比丘尼，於精舍附近之尼院，於佛入滅前三月，結跏趺坐示寂於毗舍離城。

往謁天祠

太子誕生以來，舉國歡樂。時有釋迦親族中諸位長者，同到淨飯王住處，對國王說：「依照國家的風俗慣例，應該帶太子到天廟祭拜天神，來祈求太子一生的吉祥。」

淨飯王於是同意，便對摩訶闍波提說起此事，然後通知宮中人員，佈置一切事宜，並讓太子穿上莊嚴之服，淨飯王親自帶著太子乘車前往，大臣們及釋迦族眷屬前後隨，還沿路燒香散花。無數官兵執持幡蓋，宮女鼓樂歌舞，都隨之而行；虛空中還有無數天神散種種花。

淨飯王威儀整肅，到了天廟，他親自抱著太子走入天廟中，才一腳剛踏入，就見神廟中所有天神像紛紛從座位站起，恭迎太子。當時會中有百千天人這樣的場面，都皆大歡喜。當時迦毗羅衛國出現六種震動，這時廟中所有神像各現出原本形象，同聲讚說：「太子的福慧及威力如日月、大海、高山一般，禮敬太子即獲大利益。」這次太子入天廟，讓無量諸天人民，都同時發起了無上正等正覺之心。

◀依風俗慣例，太子到天廟祭拜，祈求吉祥。這時，因為太子的威德力，使無量諸天人讚歎，並同時發起無上正等正覺之心。

往謁天祠

往謁天祠

大莊嚴經[1]云。菩薩生已。諸釋眷屬詣淨飯王所。白言大王。今者可將太子謁於天廟。以祈終吉。王即許之。淨飯王告摩訶波闍波提言。欲將太子往於天廟。並勅宮人。並須嚴飾。以諸寶服。莊嚴太子。時淨飯王。自將太子乘車而出。及諸大臣。釋氏眷屬。前後翊從。燒香散花。滿於街路。象馬車乘。無量軍眾執持幡蓋。無數伎女鼓樂歌舞。隨從而行。無量諸天。於虛空中散眾天花。時淨飯王。威儀整肅。詣於天廟。至天廟已。王自抱持太子入天廟中。足踰門閫。所有諸天形象皆從座起。迎於太子。曲躬而立。時眾會中。百千天人。皆大歡喜。迦毗羅國六種震動。諸天形像各現本形。而說偈言。聖子如日月。亦復同溟海。而與須彌等。不宜恭敬我。福慧及威力。禮者獲大利。若人去憍慢。生天證涅槃。太子示入天廟時。無量諸天人民。發阿耨多羅三藐三菩提[2]心。

原典註解

①**大莊嚴經**：《大莊嚴經》十二卷，全名《方廣大莊嚴經》，又稱《神通遊戲經》，唐地婆訶羅譯。內容敘述世尊自兜率天宮而下，至初轉法輪，之間所經歷的事蹟。本經依據大乘思想佛身觀所發展而成的佛傳。全經分二十七品，與現存梵本《Lalitavistara》，大體頗為一致，而被視為本經異譯的《普曜經》（西晉竺法護譯），兩者之間或存或缺，略有差異。

②**阿耨多羅三藐三菩提**：梵音anuttarā-samyak-sambodhi，「阿耨多羅」意譯為「無上」，「三藐三菩提」意譯為「正遍知」。指佛的無上覺智，譯為無上正等正覺，即平等覺知一切真理的無上智慧。此覺悟為言語無法表達，亦非世間諸法所能比擬，故稱之「無上正等正覺」。而發阿耨多羅三藐三菩提心，即發起欲求正覺成佛之心。

園林嬉戲

淨飯王特別找巧匠製作瓔珞、花鬘、腰帶等，來裝扮太子的高貴身分。姨母摩訶波闍波提則時常抱著太子，乘坐在華麗的轎車裡。許多童男童女也是裝扮十分華麗，手執鮮花在前面引導，一同來到園林中。

這時釋迦種族的孩子各坐在鹿車、羊車上，或坐在各種樣式的船舫，有美妙的鼓樂、簫笛、琴瑟等樂器伴奏，還有形形色色的動物，如牛、羊、獅、象、飛鳥羅列眼前，許多童男童女伴著太子隨意地嬉戲，有的手足舞蹈，有的聚沙為塔散花禮拜，在園林裡玩耍著。

太子的童年就這樣度過了八年，但祂漸漸增長了智慧，祂不同於其他的小孩那般流涕不淨或吵鬧哭啼，吃東西也適當而止，因此，養育太子的保母都非常歡喜祂。太子對那些遊戲也不感興趣，常一個人在僻靜的地方，祂會避開那些嬉戲的孩子，單獨面對清池而陷入沉思。

那時園中有一位離垢天神，隱身在虛空之中，太子一來到園中，天神就持種種香花散於太子頭頂上。之後，姨母仍然抱著太子坐寶轎上，慢慢回到宮中。

◀佛陀的童年雖然和許多親族的孩子生活在一起，也一同在林園中嬉戲，但祂時常一人獨自在樹下沉思，較其他孩子早熟許多。

園林嬉戲❶

本行經云。時淨飯王為太子作眾寶瓔珞。勝妙華鬘。寶冠腰帶。莊嚴太子。時摩訶波闍波提懷抱太子。安置膝上。坐寶輦中。無數童男童女。皆以諸寶瓔珞莊飾其身。手執諸華。於前引導太子往詣園林。爾時釋種親族童子童女各持鹿車羊車。復持種種船舫。種種鼓樂簫笛琴瑟。牛羊獅象諸雜鳥形。一切器仗。列太子前。恣令嬉戲。復置羝羊真金為鞍。令太子乘園中遊戲。彼諸童子。亦乘羊車伴太子戲。童子童女各各歡笑。人人拍手歌舞叫嘯。或復聚沙為塔。散華禮拜。令其太子恣意嬉戲。具足八年。如是娛樂。太子增長智慧。不似世之嬰孩流涕不淨。無有糞穢。亦不呱啼呻吟嚬縮。不飢不渴。諸母養育常生歡喜。時彼園內有一天神。名曰離垢。然彼天神在於虛空。隱其半身。即持種種天華。散於太子頂上。姨母抱持太子坐寶車上。還其本宮。

原典註解

①**園林嬉戲**：關於太子的童年嬉戲，有一段小故事，記載在《佛本行集經》卷第十二〈遊戲觀矚品〉，提到就在迦毗羅衛國王宮的花園中，一群王族的孩童正在嬉戲，忽然一群大雁飛過，提婆達多童子便取彎弓射箭，一隻雁子中箭受傷，掉落在太子面前，太子起一念悲心，救起雁子，為其治傷。提婆達多追到雁落的地方，見到太子，向祂討取受傷的雁子，他認為這雁子是他的獵物，太子應歸還給他，太子卻說，祂救活了雁子，就不算是提婆達多打獵的戰利品，因而不願歸還。就在兩人爭執不下時，一位德高望重的長者這樣判決：「誰養育者，即是攝受；射著之者，即是放捨。」意思是，這隻受傷的雁子被太子救活，就算是被太子所養育，應歸太子所有，並不屬於提婆達多。由此，讓提婆達多怨懟太子，從童年時就結下了心結。

習學書數

在太子八歲時，淨飯王對臣子說：「你們知道國中誰是智慧第一，可以作為太子的老師，教授知識學問。」

群臣中有人回答：「聽說有位毗奢婆密多羅博學多聞，學問最好，可以教導太子。」國王於是召請毗奢婆密多羅為太子老師，並讓釋迦族中所有童子隨太子一起讀書。

太子正式上課的這一天，毗奢婆密多羅遠遠看到太子的莊嚴德相，竟不自禁地屈身向太子頂禮。這時虛空中無量天神皆守護著太子，並以種種鮮花散於太子頂上。

太子剛開始學習，就能把當時最權威經典的六十四種著作一一背誦，並詢問老師準備教授哪一門學問，這下子毗奢婆密多羅非常驚訝，因為這六十四種書他自己也未必盡知，心中慚愧，對自己的知識學問也不再自傲。他發現太子智慧過人，能自己通達世間法一切論書，也都能誦持，甚為稀有難得。

從此，太子和許多童子們一起讀書寫字，學習進步神速，且個個皆通達一切書數經論。

◀太子一開始就能背誦六十四種經典，毗奢婆密多羅太子師也發現太子智慧過人，能通達世間法一切論書，也都能誦持，甚為稀有難得。

習學書數

本行經云。淨飯王知其太子年已八歲。而告群臣。卿等當知。訪問國中。智慧第一。堪為太子師者。教太子讀書。及餘諸論。咸言有毗奢婆密多羅。善知經論。堪教太子。諸釋種童子。亦隨太子而學。太子將升學堂。毗奢婆密多羅遙見太子。遂起身頂禮。自覺羞慚。見虛空中。諸天神王守護太子。以諸天華散太子上。太子既初入學。而問師言。教我梵書。仙書。若此書。凡有六十四種[1]。未審尊師。教我何書。是時毗奢婆密多羅。聞太子說是書名。遂懷私慙。折伏貢高我慢之心。向於太子前而說偈言。稀有清淨智慧人。善順於諸世間法。自己通達一切論。復更來入我學堂。如是書名我未知。汝今悉皆誦持得。是為天人大尊導。今復更欲覓於師。爾時釋種童子。俱入學堂讀書寫字。太子威德力故。復有諸天神力加護。諸釋童子皆悉通達書數經論。

原典註解

①**六十四種書**：悉達多太子所通達的書，在《普曜經》與《佛本行集經》，皆有列出這六十四種書名，如《梵書》以及種種仙道書，或稱天啟，這些應為古代印度祭祀文獻，古印度婆羅門教根本聖典，即如《吠陀本集》，係由讚歌、祭詞與咒文等組成，是現存印度最古的文獻。在《佛本行集經》習學技藝品第十一：「復有五百釋種諸臣童子，俱共太子，齊入學堂學書唱字，以是太子威德力故，復有諸天神力加故，諸音響中出種種聲。唱阿字時，諸行無常，出如是聲。唱伊字時，一切諸根門戶閉塞，出如是聲。唱優字時，心得寂定，出如是聲……」由此可推知，這應與古印度流傳的詩歌讚頌音聲有關，印度傳統把這些上古文獻稱為「吠陀」，吠陀為一種天啟文學，相傳為太古大仙依梵天神之啟示所誦出，意味著天啟之智。

講演武藝

淨飯王又對臣子們說：「你們可知道國內誰的武藝最強，能教太子練習武藝呢？」有臣子回答：「有位羼提提婆，精通二十九般武藝，能教授太子各種兵器武術。」於是國王命令建造一個習武的林園，讓太子能學習武藝，羼提提婆領導太子進入這園中，並解說各種兵器及技藝等。然而，太子已經熟悉這些兵器使用方法，便對羼提提婆說：「這些我都知道了，您就不必再教了。」

羼提提婆只好教其他的兵法與帝王之學，以及種種世俗至巧智等事。這些學問，一般人需要長年累月苦心學習，而且都不一定能有所成就。然而，太子只在短短的時間內，就完全通達了。羼提提婆知道太子如此聰穎異於常人，便讚歎祂：「太子年幼就聰穎過人，很快就能自己領悟，通達各種兵法統御之術，短短時間就能勝過他人多年的學習，所習得的技藝，成就都超越一般人。」

羼提提婆也因此感到十分慚愧，他已窮盡所能，無可教授，便向太子禮敬。

◀羼提提婆也讚歎太子，短短時間就能勝過他人多年的學習，所習得的技藝，成就都超越一般人。他感到已窮盡所能，無可教授。

講演武藝

講演武藝

本行經云。時淨飯王。復集群臣。卿諸臣等。誰知何處有師。最能武藝。堪教太子。答言。羼提提婆。堪教太子。兵戎法式。其所解知。凡有二十九種[1]。悉皆通達。王造園苑。擬以遊戲。提婆將引太子入園。教戎技智。太子見已。悉皆棄捨。我自解此。不須更學。提婆即教其餘。釋種太子。於此一切諸技。何假須教。復欲教習諸王要法。所謂天文祭祀。占察懸射。前事謬語。知禽獸音。達於聲論。造作諸技。因技報答。咒術雜事。十餘種名。古先治化。一切書典。教於太子。及自他釋。亦如是教。又復世人積年累月。所學問者。或成不成。彼等眾技。一切諸論。太子能於一時之中。及餘釋種。不須習學。皆悉通達。一切自在。是時提婆。即為太子而說偈言。汝於年幼時。安庠而學問。不用多功力。須臾而自解。於少日月學。勝他多年歲。所得諸技藝。成就悉過人。提婆慚恥。反禮太子。

原典註解

①**二十九種技藝**：淨飯王對於悉達多太子能成為轉輪聖王，有諸多期待，也因此非常積極培養太子成為文武雙全的繼承人，關於羼提提婆的二十九種技藝，根據《佛本行集經》指出：「羼提提婆，堪教太子兵戎法式。其所解知，一切凡有二十九種，善巧善妙，技術精微，所作輕便，勁捷勦勇。二十九者，所謂：騰象跨車，跳坎越馬，射妙走疾，志猛性剛，身體輕便，所為諦審，善能調習，捉象搭鈎，巧解安施，擲象羂索，又工將養，飲飼畜生，處分指撝，善總兵馬，諳練曲直，斜正山川，手握拳牢，脚蹋地穩，梳頭結髻，斬固甚牢，能破能開，能劈能斬，射不虛落，挽鞘無雙，遙聞響聲，射即懸著，所放之處，箭入甚深，黠慧聰明，辭清辯捷，謀謨策算，巧解多知，討古論今，方便善詐。諸如是等，所有兵家祕要神能，悉皆通達。」這些技藝太子在很短的時間都能通達而有成就，可見菩薩具有非凡過人之處。

太子灌頂

有一天，淨飯王召集群臣共議提到：「太子如今已經長大，智勇兼備，應該選擇吉日，取四大海之水，來為太子灌頂立位。」臣子們都同意，於是便選擇二月八日舉行太子的灌頂儀式，並邀請鄰近小國一起來參加這個慶典。

到了二月初八，各國國王及婆羅門師等都齊聚一堂。寶殿上懸掛著彩幡寶蓋，燒香散花，鐘鼓鳴起，儀式最後，國王將七寶器所盛四大海水灌在太子頭頂上。之後，國王將七寶印交付給太子，鼓聲又響起，國王高聲宣說：「今天立悉達多為太子。」

這時虛空中升起微妙的樂音，大家異口同聲的讚歎著：「善哉！善哉！」就在此時，其餘八國國王有感於此機緣非常難得，因此也決定在這一天，一同時舉行立太子的儀式。

在儀典結束後，悉達多太子向淨飯王請求出園一遊城外風景。國王應許祂，並由群臣引導到田野間，這時悉達多太子看到農夫辛苦耕田，以及種種情境，而生起大慈悲心，祂突然對這世間有所感悟，國王看到太子的神情若有所思，很擔心祂因厭世而想出家去走修行的道路，於是急著為太子婚聘，並增加更多美貌歌女來取悦祂，讓祂能得到快樂。

▶「灌頂」原本為帝王或太子即位的國家儀式；而佛教灌頂，則意涵著諸佛以智水灌菩薩頂，「灌」表諸佛之大悲，「頂」為最上之義。

太子灌頂❶

過去因果經云。爾時淨飯王。即會諸臣而共議言。太子今者年已長大。智慧勇健皆悉具足。今宜應以四大海水。灌太子頂。又復勅下餘小國王。卻後二月八日。灌太子頂。皆可來集。至二月八日。諸餘國王。並及仙人。婆羅門等。皆悉雲集。懸繒幡蓋。燒香散花。鳴鐘擊鼓。作諸伎樂。以七寶器。盛四海水。諸仙人眾。各各頂戴。授婆羅門。如是乃至遍及諸臣。悉已頂戴。傳授與王。時王即以灌太子頂。以七寶印而用付之。又擊大鼓。高聲唱言。今立薩婆悉達以為太子。爾時虛空。天龍夜叉。人。非人等。作天伎樂。異口同音。讚言善哉。當於迦毗羅衛國。立太子時。餘八國王。亦於是日同立太子。太子啟王。出遊園苑。王即聽許。群臣導從。遊觀田野。看諸耕人。起大慈悲。即便思惟。離諸受欲。王聞此語。心生憂惱。慮其出家。宜急婚娉。以悅其意。更增伎女而娛樂之。

原典註解

①**灌頂**：原本為古代印度帝王即位及立太子的一種儀典，將四大海之水灌其頭頂，是表示祝福之意。《賢愚經》〈頂生王品〉記載文陀竭王即位，「爾乃登祚，立誓已竟，四天即下，各捉寶瓶，盛滿香湯以灌其頂。」

「灌頂」在佛教中，又指菩薩受諸佛之灌頂，號為灌頂法王，菩薩至十住之第十位，稱為灌頂住，又名為灌頂位，特指十地以上之等覺階位。代表諸佛以智水灌其頂，以為受法王職之證明。《華嚴經》卷二十七〈十地品〉：「菩薩摩訶薩亦如是，受職時，諸佛以智水灌是菩薩頂，名灌頂法王。具足佛十力故，墮在佛數，是名諸菩薩摩訶薩大智慧職地。」在佛教密教中也有灌頂儀式，係由上師以五瓶水灌弟子頂，象徵如來五智之灌頂，密宗認為灌頂為傳法之最重要儀式，「灌」表諸佛之大悲，「頂」為最上之義。灌頂種類繁多，主要有結緣灌頂、學法灌頂、傳法灌頂等。

遊觀農務

太子漸長之後，對於宮廷的生活，感到索然無味。想看看王宮以外的世界，於是向父王請求，出宮去看看外面的風光。

父王准許了，隨即由群臣引導，來到了城外的小村落。祂首先看到的是一幕農夫耕田的畫面，烈日曬在農夫身上，牛耕著田地，當土壤被翻出小蟲子時，鳥兒馬上啄食而去。太子就是看到這一幕，而生起大慈悲心，感慨地想：世間眾生受業報輪迴之苦，無論是天道、人道或是痛苦不堪的三惡道，完全沒有止境，眾生卻沉淪沒有覺悟，這苦難也難以言喻啊！

太子在田中一邊沉思一邊走著，祂來到田園旁的一棵樹，那樹葉非常茂盛，很適合在樹下結跏趺坐，於是祂一心禪思，漸入了正定。那時，虛空有五百仙人在經過太子上方時竟飛不過去。仙人們便往下方觀察，看見太子正進入禪定境界，皆同聲讚歎這境界。這時日光照耀，樹木彎曲，陰影覆蓋著祂，就像是向禪定中的太子曲躬行禮一般。群臣看到如此稀有之景象，急忙稟報國王此事。

國王馬上來到樹下，看見太子吉祥安坐，不禁讚歎太子威儀莊嚴，猶如火在山頂，又如月在眾星；太子樹下禪坐，獨自禪思，威光明徹普遍照拂，十方眾生都得濟度。之後國王便一同和太子起駕回到宮中。

◀太子見鳥啄蟲而食，起大悲心，觀察五趣輪迴之苦，便於樹下一心禪思，入三昧定，五百仙人虛空飛行而不能過，便循往下方察看。

遊觀農務

普曜經[1]云。爾時太子。年遂長大。啟於父王。與群臣俱。遊於村落。觀耕犂者。勤勞執役。見地耕轉。蟲隨土出。烏鳥尋啄。太子見已。起慈悲心。哀嗟世間。有如斯苦。匆匆不安。人命甚短。憂畏無量。日月流邁。出息不保。就於後世。天人始終。三惡道苦。不可稱載。五趣[2]生死。輪轉無際。沉沒不覺。痛苦難喻。又見園中。有閻浮樹。枝葉茂盛。在彼樹下。結跏趺坐。一心禪思。三昧正受。以為第一。五百神仙。飛行虛空。不能得過。時諸仙人。即下住地。觀見菩薩。神思坐定。歎未曾有。於時日照樹曲。覆菩薩身。一切樹木。皆悉曲躬。向於菩薩。群臣見已。疾往啟王。時王聞之。前詣樹下。即見太子。威神吉祥。巍巍無量。而說偈言。如火在山頂。如月在眾星。見身樹下禪。威光無不照。其初生之時。身自坐禪思。其身威神光。明徹普遍照。十方諸天人。因是得濟度。即同太子嚴駕還宮。

原典註解

①**普曜經**：西晉竺法護譯。為漢傳佛傳史，載釋尊降生至初轉法輪等事蹟，異譯本有唐代日照所譯之《方廣大莊嚴經》（又稱神通遊戲經）。

②**五趣**：指有情輪迴轉生的五種生命，即：地獄、鬼、傍生（畜生）、人間、天。「趣」為所往之義，即諸有情所往、所生、結生之處。此為過去善惡業所招感的果，而稱為趣。經論中有五趣、六道之說，小乘皆說五趣；大乘經中則多說六道，於五趣之外又立「阿修羅」一道，又分三善道為天、人、阿修羅；三惡道為地獄、餓鬼、畜生。

諸王捔力

淨飯王想看看釋迦族的王子中誰的武藝最強，打算舉行一次武術大會，由大臣娑呵提婆來裁判。第一個項目是射擊，廣場上安放了鐵鼓，看誰能射得最準確，而且有力又遠。由提婆達多先射擊，他一箭射穿了三個鼓，接著由難陀射擊，也是射穿了三個鼓。

輪到悉達多太子的時候，祂先試試了弓箭，都覺得力道太弱了，於是到倉庫內取出祖師用過的大弓箭，太子拿起這弓箭，拉弓射出，一支箭直穿七個鐵鼓，其箭射達十拘盧奢（約二十里）之遠。接著又射擊鐵豬，太子一箭射過七個鐵豬，箭落地時穿入地面處形成一口井的洞穴，後人常稱此為「箭井」。

這時天人散花，帝釋天則把太子所用的箭供奉在天宮中。

▲《大唐西域記》記載，位於城南門外，東南三十餘里，為太子射箭穿入地面形成的「箭井」，或稱「箭泉」，有清泉湧出，疾病者飲沐多能治癒。

諸王捔力

本行經云。淨飯王與大臣娑呵提婆。諭諸釋種童子武藝之中。誰能最勝。於戲場中安施鐵鼓。提婆達多。射徹三鼓。難陀即射。亦徹三鼓。有司進弓。太子試弓。以弓力弱。令取內庫祖王所用良弓。太子牽挽平胸。而射一箭。穿過七個鐵鼓。其箭射達十拘盧奢[1]。復更別立鐵豬。太子一箭。便穿七鐵豬。彼箭入地。即成一井。於今人民。常稱箭井[2]。爾時諸天。各將天花散太子前。帝釋取箭上天。起塔供養

原典註解

①**拘盧舍**：為古代印度的距離度量名詞，又稱「牛吼地」，意指大牛鳴聲或鼓聲可到達的距離，一般以五百弓為一牛吼地，即一拘盧舍，今之二里也。但各經典所載尺度算法不一。

②**箭井**：悉達多當初射箭穿入「箭井」或稱「箭泉」，根據經典所記載，確實有這一處，城南門外路的左邊，從這裡再往東南走，就是所謂的「箭泉」，清泉汩汩從地湧出。傳說這清澈的泉水，取來飲用或沐浴，疾病便能痊癒；如果取泉土塗在額頭上，能消除病苦。如《大唐西域記》卷六云：「城南門外路左，有窣堵波，是太子與諸釋角藝，射鐵鼓。從此東南三十餘里，有小窣堵波，其側有泉，泉流澄鏡，是太子與諸釋引強校能，弦矢既分，穿鼓過表，至池沒羽，因涌清流，時俗相傳，謂之箭泉。夫有疾病，飲沐多愈。遠方之人持泥以歸，隨其所苦，漬以塗額，靈神冥衛，多蒙痊愈。」又《釋迦方志》卷一云：「城南門外塔，是捔射處，東南三十餘里，是太子射矢沒地因涌泉流，俗傳箭泉病飲多愈，或持泥傳額隨苦皆愈。」

擲象成坑

淨飯王見太子在各項技能都勝過其他王子，心中甚為歡喜，就命令隨從宮人牽來大白象讓太子乘坐回宮。

這時候提婆達多剛從城外進入，就問說：「為什麼要牽這白象出城？」宮人回答：「這是要接悉達多太子回城的。」提婆達多之前因為比武時敗給太子，所以心懷妒嫉，他的傲慢心生起，便走上一步，右手牽住象鼻，左手揮拳在大象額頭上重重地一擊，大象就這樣被他打死倒斃於地。

整隻大象身塞住了城門口，阻擋了往來通行，以致人潮擁擠。難陀隨後到來看到此景象，右手牽住象尾巴，拖離城門有七步距離。悉達多太子隨後也來到此處，便問行人：「是誰殺死了象？」眾人回答：「提婆達多。」

太子知道提婆達多不懷好意，但心想：「這死象身體龐大，如果腐爛發臭，將會影響到城裡的所有人。」於是就用左手舉起象身，右手撐著，向空中擲出城外，象身直飛遠處一段距離才落地，砸出一個大坑洞，至今人民相傳此處，稱之為象坑。

▲《大唐西域記》記載，於城南門之塔是太子與諸釋角力擲象之處。太子舉象高擲，越城之外，象墮地，有一大深坑，民間相傳為象墮坑。

擲象成坑

擲象成坑

本行經云。時淨飯王。既見太子技能。皆悉勝彼。勅取白象。擬太子乘。提婆達多❶先入城。見此白象。問言何往。答言。擬太子乘。時提婆達多我慢興盛。左手執鼻。右手築額。一拳倒地。遂即命終。塞彼城門。往來不通。難陀次至。見象塞路。執彼象鼻。牽離城門。太子見已。左手舉象。以右手承。從於虛空。擲置城外一拘盧奢。而象墮地❷。即成大坑。至今人民。相傳此處。名為象坑。

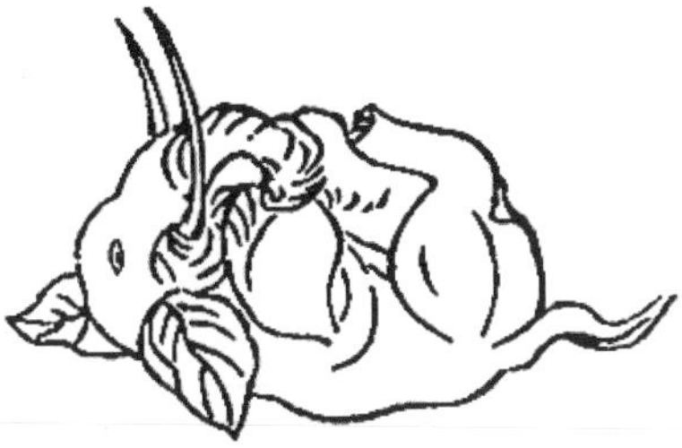

原典註解

①**提婆達多**：又稱提婆、達多，為佛陀叔父斛飯王之子，阿難的兄弟（另有說法為甘露飯王、白飯王或善覺長者之子等）。童年時，提婆達多與佛陀、難陀共同學習諸藝能，其技優異，常與佛陀競爭。在佛陀成道之後，亦隨佛陀出家，修行精勤不懈，但未能得聖果，漸生惡念，想以神通而得大利養，佛陀不許，他便到十力迦葉處學習神通，後受到摩揭陀國阿闍世太子之供養，提婆更加憍慢，一度想取代佛陀領導僧團，佛陀亦不允許。此後，提婆率五百徒眾脫離了僧團，並自稱大師，制定五法禁戒為速得涅槃之道，於是破僧伽之和合。

②**象墮地**：在佛教史文獻，也提及此「象墮地」處，《大唐西域記》卷六：「城南門有窣堵波，是太子與諸釋角力擲象之處……太子乃舉象高擲，越度城塹，其象墮地，為大深阬，土俗相傳為象墮阬也。其側精舍中作太子像。其側又有精舍，太子妃寢宮也，中作耶輸陀羅，并有羅怙羅像。宮側精舍作受業之像，太子學堂故基也。」這裡提到「象墮坑」位在城南門之塔，旁側有一座精舍，還有一尊太子上課受業的塑像，是當年太子上課的學堂。學堂旁邊有太子妃耶輸陀羅寢宮，立有耶輸陀羅、羅睺羅母子兩人的塑像。

悉達納妃

當太子年至十七歲，淨飯王召集群臣提到：「太子今年已長大成人，應該為祂迎娶適當的對象，你們可有適當人選可以提供？」

其中有人稟奏：「臣子認為摩訶那摩長者，有一小女名耶輸陀羅，顏容端正，聰明智慧，禮儀備具，有這樣的賢德，堪為太子妃。」淨飯王回答：「誠如你所言，就迎娶她吧！」淨飯王回宮之後，就指派一名成熟老練的宮女前往摩訶那摩長者家，觀察耶輸陀羅的容儀與日常禮節行宜。

那宮女便在長者家停留了幾天，非常細心觀察此女子，然後回宮稟告：「國王，據我觀察，這女子容貌十分端正，舉止也非常得宜，目前實在沒有人能比得上她了。」於是淨飯王派人前往對摩訶那摩長者提親：「太子已到納妃婚娶的年齡，聽說您的愛女美貌賢德，適合聯姻。」摩訶那摩馬上答應了這門婚事。國王就讓大臣選擇吉日，派遣萬輛馬車前往迎娶。並隆重地為太子舉行了婚禮；除了耶輸陀羅，又為太子另外納二妃，一名瞿夷，一名鹿野，同時建造三時殿。

淨飯王也時時詢問宮女：「太子是否與妃子們親密？」宮女回答：「不曾見太子有夫婦之間的親密。」這使得淨飯王滿臉憂愁不樂，於是增加更多歌女，日夜伴隨著太子。然而，太子雖然時時與這美貌妃子朝夕相處，卻從來不曾興起世俗的欲念，在夜深人靜時，只是獨自修行禪觀，未曾與妃子們行夫婦之道。

◀國王隆重地為太子舉行了婚禮，除耶輸陀羅，又另納二妃，一名瞿夷，一名鹿野，同時建造三時殿。

悉達納妃❶

因果經云。爾時淨飯王。集諸群臣而共議言。太子年已長大。宜應婚娶。諸臣答言。有釋種婆羅門。名摩訶那摩。有女名耶輸陀羅。顏容端正。聰明智慧。賢德過人。禮儀備具。有如是德。堪為太子妃。王言。若如卿語。便為納之。王還宮內。即勅老成宮女。汝往摩訶那摩長者家。瞻看其女。容儀禮節如何。可停於彼十日。女受王勅。往彼長者家。瞻看此女。還答王言。觀看此女容貌端正。威儀進止。無與等者。王即遣人。語摩訶那摩長者言。太子年長。欲為納妃。汝女善淑。宜堪此舉。時長者答使者言。謹奉勅旨。王即令諸大臣。擇取吉日。遣車具禮。而往迎之。既至宮已。具足太子婚姻之禮。又復更增二妃。一名瞿夷。二名鹿野。並諸彩女娛樂。太子以有三妃。造三時殿。爾時太子恒與其妃行住坐臥。無有世俗之意。於靜夜中但修禪觀。未當與妃。有夫婦之道。

原典註解

①**悉達納妃**：關於悉達多太子有幾個妃子，古來說法不一，以下就三位夫人略為說明：

一、「耶輸陀羅」，為悉達多太子之妃，羅睺羅之母。音譯又稱耶輸多羅、耶惟檀，意譯為持譽、持稱、華色。一說為婆私吒族釋種大臣摩訶那摩之女；另一說天臂城善覺王之女，提婆之妹。相貌端嚴，具諸德貌。於佛陀成道後，與佛陀姨母摩訶波闍波提夫人及五百釋女一同出家。

二、「瞿夷」，為悉達多太子三妃之一，音譯又作瞿比迦、瞿波、瞿婆、瞿波迦等；意譯守護地、牛護、密護、覆障、明女等。瞿夷為水光長者之女，相傳此女初生之時，有餘暉照射其家，室內皆明，因此名瞿夷，意謂「明女」。《佛說十二遊經》：「菩薩外家去城八百里，姓瞿曇氏，作小王，主百萬戶，名一億王。菩薩婦家姓瞿曇氏，舍夷長者名水光。其婦母名月女。有一城居近其邊，生女之時，日將欲沒，餘明照其家，室內皆明，因字之為瞿夷，晉言明女。」

三、「鹿野」：見《根本說一切有部毗奈耶破僧事》：「爾時菩薩既至城內，有一釋迦種名不過，時有其一女名曰鹿王，於樓窓中遙見菩薩，讚歎頌曰：『安樂乳母生，安樂父能養；彼女極安樂，當與汝為妻。』菩薩聞此，其心寂入涅槃聲義，唯聞言曰：『汝最勝人當思惟寂靜涅槃。』菩薩聞此涅槃聲，愛念歡喜，聞妙聲故，即脫頸上珠瓔，擲於空中。以威力故，遂落鹿王女頸上。諸人見此皆大歡喜，白淨飯王具陳上事。王聞此語，即令二萬婇女迎鹿王女，將入太子宮內。」

五欲娛樂

淨飯王想起阿私陀仙人所說的話，因為擔心太子會出家，於是為太子建造了三等宮，安排三千彩女輪流來奉侍太子，第一宮殿的彩女在初夜服侍；第二宮內的彩女則在夜半；第三宮彩女則在後夜。宮殿內常有各種美妙樂音晝夜不絕，讓太子感受到種種五欲快樂，但不許祂出離宮殿。除此之外，淨飯王為了增加太子的功德，獎勵苦修，禁止一切邪惡的行為，推動種種善業，造福人民，他希望以這樣的善業來回報太子功德，只希望太子不興起任何出家的念頭。

太子在這樣的環境下，擁有世間最高享受的五欲娛樂，十年都不曾出到城外。因為淨飯王在太子所住宮院外圍建立了重重圍城，只安一個鐵門，並設置機關鎖鈕，平時開閉需要五百人合力推動，才能打開，城門內外，都有士兵守衛，身著鎧甲，戒備森嚴。

淨飯王之所以如此，就是擔憂太子會捨離眷屬而出家。

◀淨飯王安排了三千宮女，以種種世間極盡之五欲之樂，讓太子享受，並嚴禁守衛，不令太子越城出家。

五欲娛樂❶

本行經云。爾時淨飯王。為太子立三等宮。彩女三千。侍御太子。第一宮彩女。當於初夜。第二宮彩女。於半夜時。第三宮彩女。於後夜時。奉侍太子。時淨飯王。念阿私陀仙人所說。復置諸雜音樂。各各千數。常於宮內。晝夜不絕。太子在於彩女之中。受諸快樂。不須遠涉。出宮外遊。時飯王為增太子諸功德故。建立苦行。斷於一切諸邪惡法。行一切善。布施諸物。造眾福業。備行苦行。以此善根。迴資太子。為令增長諸功德故。願莫出家。太子在於父王宮內。唯獨一人。具足五欲娛樂。逍遙嬉戲。自恣足滿。十年不曾出外。淨飯王於太子所住宮院周匝。別更造立子城。唯置一門。安施機發。開閉之時。五百人扶持擁衛。方得開闔。其門聲動。聞半由旬。內外悉羅壯士防守。身著鎧甲。禁衛宮闈。如是嚴緊。恐畏太子捨離椒房。逾越出家。

原典註解

①**五欲**：又名五妙欲、五妙色，指眾生因染著色、聲、香、味、觸五種境所起的五種情欲，所謂五欲境界：

一、色欲，指愛染於男女之形貌及世間種種寶物妙色。

二、聲欲，指愛染於艷媚妖詞、淫聲染語、絲竹與環珮之聲等。

三、香欲，指愛染於氣味芬芳之物，或男女身體之香。

四、味欲，指愛染於各種飲食餚膳美味。

五、觸欲，指愛染於男女之身的柔軟細滑、寒時體溫、熱時體涼及衣服等種種。

五欲如箭害身，能破種種梵行，故以五箭喻之。《大智度論》：「眾生常為五欲所惱，而猶求之不已。此五欲者得之轉劇，如火炙疥，五欲無益如狗骨，五欲增諍如鳥競肉，五欲燒人如逆風執炬，五欲害人如踐惡蛇，五欲無實如夢所得，五欲不久如假借須臾，世人愚惑貪著五欲，至死不捨，為之後世受無量苦。」《佛遺教經》：「住戒當制五根，勿令放逸入於五欲。」此外，「五欲」也可以指世間財欲、色欲、飲食欲、名欲、睡眠欲。

空聲警策

虛空中有一位作瓶天子，看到悉達多太子十年在宮殿的情景，擔心太子會因此留戀世間的五欲之樂，因此執迷，他這樣想：「這位菩薩已經在皇宮內享受五欲多時，希望祂別貪著這一切，心醉而放逸。短短百年歲月將迅速離去，時間是不等待人的，菩薩此刻應該覺察，早日捐棄皇位，捨離世俗出家修道。我應為祂警示種種厭離之相，讓祂早日醒悟，捐棄出家，成就祂的道業。」

作瓶天子便於空中說：「善哉！仁者，要趁年盛之時，盡速出家成道，圓滿你的菩提願呀！不要沉溺在五欲與六塵境界，唯有出離世間，修行大智慧，才能利益人天等眾生，所以應該厭離這世間五欲。眾生有種種煩惱，為無明黑暗所障蔽，種種纏縛。你當作為他們的大醫師，說種種妙法為藥，速疾引導向涅槃岸，速燃智慧大燈明，使他們獲得清淨眼。」

透過他的勸誡，喚醒了太子過去修行的善根之力，竟然也使宮中彩女的靡靡之音，一時轉變為宣揚正法、趣向涅槃的微妙音聲，太子遂於這瞬間生起了厭離心，並有所覺悟。

◀作瓶天子於虛空中提醒悉達多太子，莫貪著世間五欲，應覺察無常，早棄捨世俗，出家修道。

空聲警策

本行經云。爾時虛空有一天子。名曰作瓶[1]。見是太子。十年在宮。受五欲樂。莫為貪著。心醉荒迷。情放盈溢。百年迅速。時不待人。護明菩薩。今須覺察。早應捐棄。捨俗出家。我若不先為彼作於厭離之相。則彼耽湎。未有醒悟。發出家心。我今應當贊助其事。即於空中而說偈言。善哉仁者年盛時。宜速出家令滿願。應當利益天人等。五欲行者不可厭。沒溺六塵境捨難。唯有出世行大智。乃能厭離此五欲。是故仁今可捐棄。眾生多有煩惱患。仁當為作大醫師。說妙種種法藥王。速疾將向涅槃岸。無明黑暗所障蔽。諸見羅網種種纏。速然智慧大燈明。早使天人得淨眼。空中天子說此偈已。威神感動。發勸因緣。復以太子。宿世善根福德力故。令彼宮中彩女。所作音聲。不順五欲之事。唯傳涅槃住持。信解微妙諸法之聲。欲令太子。厭離世間。心生覺悟。

原典註解

①**作瓶天子**：又稱「澡瓶天子」，《過去現在因果經》則稱「淨居天」天人。佛陀為太子時，十年宮中享受五欲之樂，作瓶天子遂以神力，令宮內婇女所作樂音自然傳述出離五欲、世間無常，涅槃寂靜，速須出離之聲，太子聽聞後漸生厭離之心。《佛本行集經》：「時彼宮內諸婇女等，作音聲時，其音聲內，皆出如是諸法之聲，欲令太子厭離世間心生覺悟。」接著作瓶天子又以神力，在太子遊觀四門時，變化為老人、病人、死屍、出家人，使太子徹見老、病、死等苦相，而求出離之道。

飯王應夢

作瓶天子以神通力激發太子發出家心。就在那天晚上，淨飯王夢裡出現七個景象：一是夢見許多天人舉著幢幡從城的東門而去；二是見太子乘著大白象從城的南門離去；三是見太子駕著駟馬車從城的西門而去；四是見一個珠寶裝飾的大車從城的北門出去；五是夢見太子在城中央大街，手裡拿著大槌擊打大鼓；六是見太子坐在高樓之上，布施珍寶，四面八方的人都來拿走這些珍寶；七是見城外有六人放聲痛哭。

淨飯王醒來之後，內心極度恐慌。就在隔天天亮後緊急召見占夢師，詢問所夢的景象代表什麼吉凶預兆？然而這些占夢師卻都無法解釋，淨飯王因此更加憂慮不安。

這時作瓶天子化作一位婆羅門占夢師來到了皇宮門外，對衛兵說：「我可以為國王解釋夢中見到的現象。」衛兵便進去通報，國王於是召他入宮，來解釋夢境。他這樣回答：「國王，您的第一個夢是預示太子將會出家，第二個夢預示太子出家修行必能證聖果，第三個夢預示太子出家能得證一切智，具足十力、四無所畏；第四個夢預示太子將會成就無上正等正覺；第五個夢預示太子成佛後將會轉大法輪；第六個夢預示太子在成就後會以三十七道品等法門度化無量無邊的眾生；第七個夢預示太子將會以正知見降伏外道六師，使外道六師生大憂惱。」

作瓶天子為國王一一解夢之後，並安慰他：「國王，其實這七種夢境都是大吉祥的好預兆，您應該歡喜才是，不要感到恐怖憂愁。」國王聽了，心想：「現在也只有讓太子過著更加快樂的生活，或許能讓他染著五欲，留戀世間，不想出家，才能免除我現在的擔憂。」

◀作瓶天子為淨飯王一一解夢，天人舉幢幡從城東門去，太子乘著大白象從城南門去，示意太子將會出家修行，證聖果，廣度眾生。但淨飯王懷憂於心。

飯王應夢

本行經云。爾時作瓶天子。以神通力。欲令太子發出家心。即於其夜。與淨飯王。七種夢相。一夢帝釋幢。從東門出。二夢太子乘大白象。城南門出。三夢太子駕駟馬車。城西門出。四夢雜寶莊嚴大輪。城北門出。五夢太子在城中央大街。手執一搥。撾打大鼓。六夢太子。坐高樓上。散施珍寶。四方諸人。來將寶去。七夢城外不遠有於六人。舉聲大哭宛轉於地。王夢是相。心大惶怖。明日召占夢師。說如上夢。答言不知。王復憂愁。時作瓶天化婆羅門。言善能解夢。大王召入。說七種夢。婆羅門言。第一太子出家瑞相。第二證果相。第三得四無畏[1]相。第四成佛相。第五轉法輪相。第六三十七品[2]法寶相。第七外道六師憂惱相。化人為王詳說夢已。白言大王當生歡喜。勿懷恐怖。憂愁不樂。大王聞已。重增太子五欲之具。令太子愛戀。不樂出家。免吾憂念。

原典註解

①**四無畏**：又名四無所畏，無畏就是教化他人時，內心沒有懼怕。佛四無畏是指佛對眾生說法時，四種泰然無畏：一、一切智無所畏，佛為一切智者；二、漏盡無所畏，佛斷盡一切煩惱；三、說障道無所畏，佛能說惑業等諸障法；四、說盡苦道無所畏，佛能說戒定慧等諸盡苦之正道。菩薩教化眾生之時，也有四種說法無畏：一、總持不忘；二、盡知法樂，且知道眾生根欲性心；三、善能問答；四、能斷物疑。

②**三十七品**：又名三十七菩提分法。這是佛陀教導眾生修證聖果的三十七種途徑及方法，是通向涅槃聖果的道路。三十七種道品，即：四念處，四正勤，四如意足，五根，五力，七覺支，八正道。

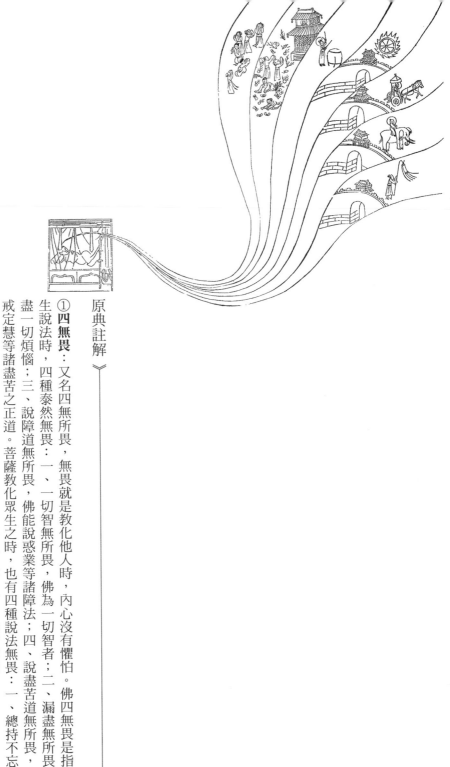

路逢老人

作瓶天子為了使太子離開皇宮，看到外面世間種種，令太子生厭離心，捨棄五欲之樂，因此在太子面前讚說城外的園林景致有多優美。太子聽此一說，大為心動，立刻命令侍衛準備車馬，想一睹城外園林風光。

侍衛馬上稟奏國王。國王立刻傳令，清理宮城外圍所有污穢的街道，各種老病死亡或窮苦殘缺者一律回避，以避免太子看到人間的種種不堪。一切清理完畢，才讓太子登上寶車，從城的東門出發。

這時，作瓶天子化身為一位傴僂低頭的老人，鬚髮已雪白蒼芒，四肢顫抖著，連走路都不安穩，只能依靠著枴杖，以蹣跚步履在太子面前走著。太子看見這老者，甚為驚訝，便問馬車夫：「這個人是誰呢？」馬車夫回答：「我不知道他叫什麼名字，他不過就是一個路邊的老人罷了！」太子又追問：「為什麼你叫他『老人』呢？」馬車夫回答：「老人！所謂『老人』就是年紀大了，全身器官自然就逐漸衰老，一切行動越來越不方便，慢慢地氣力虛弱，直到整個身體失去種種功能，只能等待生命的結束。」太子又問：「那麼我這個身體，也會和他一樣走向衰老嗎？」馬車夫回答：「太子，雖然每個人生來貴賤不同，但凡在這世間出生的人，必然有一天身體會老化，這是任何人都無法逃避的。您今日雖然貴為太子之身，氣力色澤如此完美，但您一樣會衰老，只不過時間還沒到而已。」太子聽了若有所思，便對馬車夫說：「我已經看過這城外林園的風光，我想該回去了！」太子似乎已經沒有心情再到園林遊玩，祂心中暗沉思：該如何做，才能免去這衰老之苦的那天到來？

◀太子從城東門而出，遇見天神所化現的老人，便問：「我這個身體也會和他一樣衰老嗎？」馬車夫回答：「您今雖氣色完好，但一樣會衰老，只是時間未到。」太子一時陷入沉思。

路逢老人

本行經云。爾時作瓶天子。欲令太子出向園林。觀看好惡。發厭離心。漸教捨離。於彼五欲。讚歎園林甚可愛樂。太子聞已。發心令速嚴飾。莊校好車。於彼園林。觀看遊玩。馭者奏淨飯王。王出勅令。悉遣灑掃。爾時太子。登上寶車。從城東門而出[1]。作瓶天子。變身化作一老弊人。傴僂低頭。鬚髮如雪。四支顫掉。行步不安。唯仰仗力。如是相貌。在太子前。順路而行。太子見彼老人。身體極瘦衰相。即問馭者。此是何人。馭者白太子言。此是老人。太子復問。何者名老。馭者答言。凡名老者。為諸衰耄所逼。諸根漸敗。無所覺知。非朝即夕。其命將終。太子復問。我今此身。亦當如是受老相耶。答言。太子貴賤雖殊。凡是有生。悉皆有老。即今人身。具有如是老相。但未現耳。太子復言。我今不向彼園林遊戲。宜速回駕。還入宮中。心自思惟。作何方便。得免衰老之相。

原典註解

①**從城東門而出**：悉達多太子尚未出家時，從迦毗羅城四門出遊，見生老病死四苦，遂感人生無常，故稱「四門遊觀」或「四門出遊」，簡稱四門，記載四門出遊之漢傳經典頗多，所言略有不同。太子從四方城門出遊，出東門見老者，出南門見病者，出西門見死者，皆深感人生無常；最後出北門見出家之沙門，遂決意出家。

道見病臥

作瓶天子又想：太子在皇宮內，放逸五欲多時；但世間無常，青春年華易逝，應該讓祂早日覺醒，厭離五欲，出家修道。

由於太子過去福報因緣，又忽然動心起念，想出城一遊，於是便召馬車夫說：「你整備好車馬，我要出城遊玩。」馬車夫即遵太子命令，準備就緒便請太子上馬車，往城的南門出發。

這時，作瓶天子見此良機，便在太子行經的路上，化身為一個身體羸瘦又面色枯黃的病人，那微弱的氣息，似乎隨時都可能斷命，他躺在污穢的糞堆中呻吟著，讓人見了就心酸不捨。

太子便問馬車夫說：「他是什麼人呢？」馬車夫回答：「我不知他是誰，但一看就是個病人。」太子又問：「病人！你為何叫他病人呢？」馬車夫回答：「這個人平時不善養生，放縱情欲，身體四大不調了，現在已經病入膏肓，無可救藥，十分危急，看來他人壽的福報盡了，死亡之日將至，想要康復已是沒有希望了。」太子又問：「這世間是只有他一人會生病呢？還是所有的人都無法避免呢？」馬車夫回答：「當然是每一個人都難免會生病的。」太子說：「這世間實在太苦了！就算我這樣年輕強壯的身體，也終有一日也會遭受這樣的病苦，我看就不去園林遊玩了。」太子便命令馬車夫回到宮中，祂獨處並靜坐專注沉思。

國王得知這件事，回想到當年阿私陀仙地所說的話，心想如果仙人預言為真，恐怕太子早晚會捨離我而出家了。

◀作瓶天子化現成病人，以示悉達多太子人間病苦之相，太子雖然未曾得過重病，但當下已覺悟病苦之無常相。

道見病臥

道見病臥❶

本行經云。爾時作瓶天子。復更思惟。菩薩在彼宮內。著於五欲。放逸情蕩。已經多時。世間無常。盛年易失。應當早捨宮內出家。使其覺悟。令速厭離。菩薩宿福因緣。忽然發心。欲出遊戲。太子即召馭者言。莊嚴好車。出城遊玩。太子乘車。從城南門出。漸向園林。作瓶天子。於太子前路。化作一病患人。身體羸瘦。面色痿黃。喘氣微弱。命在須臾。太子見病人已。問馭者言。此是何人。馭者報言。此是病人。復問何名病人。答曰。此人不善安隱。威德已盡。困篤無力。死時將至。無處歸依。此人不久。自應命終。欲得求活。無有是處。復問為獨此人。為當一切。答言。非獨此人。一切天人。皆悉未免。太子告言。若我此身。不脫是病。難得度者。我今不假園林遊戲。即勒回車而還宮中。靜坐思惟。一心繫念。淨飯王聞已。憶阿私陀仙。受記之語。決定真實。太子莫復捨我出家。

原典註解

①**病臥**：「病苦」為四苦與八苦之一項，眾生病時身心所承受之苦惱。一般來說，病苦有二種：一者，身病，謂四大不調，人體由四大（地大、水大、火大、風大）所成，如有不調則感到不適，若地大增加，則身體沉重；水大積聚過多，則常有涕唾；火大旺盛，則頭胸壯熱；風大竄動，則氣息衝擊。其二者，心病，謂心懷苦惱，憂切悲哀，有踴躍、恐怖、憂愁、愚癡四種。而生病的六種因緣，包括：四大不順、飲食不節、坐禪不調、鬼神得便、魔神作祟、業愆所起。

路覩死屍

作瓶天子心想：太子在皇宮過著極為歡娛的生活已經很久了，實在不能再耽誤。得再次想辦法讓太子出城，好好點化一下，讓祂厭離五欲，早日出家修行。

剛好這天，太子又令馬車夫備車馬：「你快準備駟馬寶車，我想出城走走。」馬車夫備好馬車後，太子坐上寶車便從城西門而出。作瓶天子見時機成熟，便化作一死屍，僵臥在路邊。

路邊死屍很快映入太子眼中，令祂感到一股莫名感傷，便問馬車夫：「這是怎麼回事？」馬車夫回答：「那躺在路邊的叫做死屍。」

太子又問：「死屍是什麼情況？」馬車夫回答：「那人已結束生命，再也動不了，如同木石一樣，只有識神隨著業報轉世，從今以後，他將離開父母兄弟妻子眷屬。這就是生死別離，天人永隔。這就是死屍。」

太子又問道：「這麼說，我也會有這一天，是吧？」馬車夫回答：「是的。即使太子您的尊貴之身，但也難逃一死。世間有生必有死，所有的人無分貴賤賢愚，都難免一死的最終命運。」

太子終於明白，祂的心情十分低落，即命駕駛轉回宮，祂默然靜思，有誰能超越生死呢？人無分貴賤，福業受盡，終將結束生命，人間一切事物終歸於無常，這是完全沒有差別的。

◀太子於西城門出，見天神所化現的死屍，乃問：「我是否也會有這一天？」馬車夫回答：「即使太子尊貴之身，也難逃一死。」

路覩死屍[1]

本行經云。時作瓶天子。復發是念。菩薩宮內。極意歡娛。我今可為。厭離五欲。早令出家。令從宮內。向彼園林。是時太子。謂善馭者。汝可速駕駟馬寶車。我欲出城。詣園遊戲。太子坐車。從西城門。出向於外。觀看園林。作瓶天子。於太子前。化作一屍。在於路上。太子見之。心懷慘惻。謂馭者言。此是阿誰。臥於路上。馭者答言。此名死屍。太子復問馭者。死屍是何。馭者報言太子。此人已捨世間之命。無有威德。今同木石。捐捨親族。一切知識。唯獨精神。自向彼世。從今以後。不復更見。父母兄弟。妻子眷屬。如是眷屬。生死別離。更無重見。故名死屍。復問馭者。我亦有此死否。馭者報言。太子尊身。於此死法。亦未免脫。一切世間之人。無分貴賤。不擇賢愚。皆不免死。太子聞已。情思不悅。回駕還宮。端坐思惟。默然繫念。人人貴賤。受福若盡。無常至時。皆無有異也。

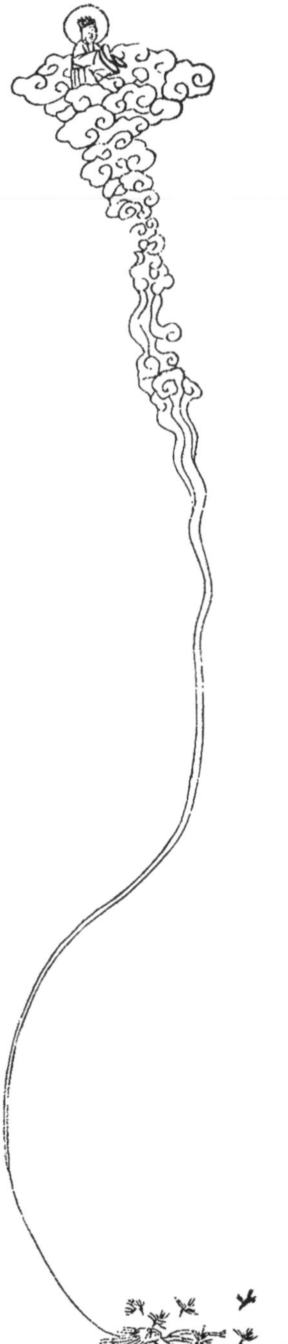

原典註解

①**死**：「死苦」為四苦、八苦之一，指眾生在經歷死亡過程所受痛苦。死意謂生命斷絕，佛教中以人喪失壽（壽命）、煖（溫度）、識（意識）三者，為身體開始變壞之相；在醫學上多以呼吸、心跳、循環，或腦細胞完全停止作用，判定死亡。為何說死為苦？這是因為當有情死亡時，身心遍受種種苦事。《俱舍論》：「若水、火、風隨一增盛，如利刀刃觸彼末摩，因此便生增上苦受，從斯不久遂致命終。」《瑜伽師地論》指出死苦有五種相：「云何死苦？當知此苦亦由五相：（一）離別所愛盛財寶故，（二）離別所愛盛朋友故，（三）離別所愛盛眷屬故，（四）離別所愛盛自身故，（五）於命終時備受種種極重憂苦故。」

得遇沙門

某一天，太子又召馬車夫，對他說：「今日我要再次出城園林，你去備車馬吧。」馬車夫先稟奏國王，國王跟他交代：「之前太子三出城門，已見到老病死，因而憂愁不樂。今日你就從北門出，我會命令人好好整理道路，裝飾種種香花幡蓋，並禁止有任何不吉祥之事在路上出現。」一切佈置妥當後，太子坐上車，官人隨從前後引導，往城之北門而出。

這時，淨居天神化現作比丘，身披著壞色袈裟，剃除了鬚髮，手拿著錫杖，緩步而行，形貌端嚴，威儀莊嚴。太子遠遠就看見，便問馬車夫：「這是何人？」當時淨居天神以神通力，讓馬車夫回報太子說：「這是一位出家人呀！」

太子立即下車，向這位比丘行禮，並請教他：「這位比丘，能否請問您，出家究竟有什麼好處？能獲得什麼利益呢？」

比丘答說：「我見這世間充滿種種苦惱，生老病死一切無常，皆是敗壞不安之法。所以割捨親人，獨自修行，只求能免於這些苦惱之事。我所修習無漏聖道，所修行的正法能調伏諸根，生起大慈悲，能救拔眾生種種怖畏；內心平等無分別，護念一切眾生，不染世間五欲，能永得生死的解脫，這就是出家的利益啊！」

太子一聽，生起大歡喜心，於是讚歎說：「善哉！天上人間，只有這是唯一道路，我應當決定修學此道。」

這次出城，太子不再憂愁了，祂滿懷喜悅乘車而歸。

▲太子從北門出，見天神所化現的沙門，便問：「何為沙門？」沙門回答：「貪欲、瞋恚、愚癡、一切煩惱永盡，是為沙門。」太子甚為歡喜。

得遇沙門❶

大莊嚴經云。爾時太子。召馭者言。今日欲往園林遊玩。汝可嚴駕。馭者奏王。王謂馭者曰。太子前出三門。見老病死。愁憂不樂。今日宜令從北門出。嚴飾道路。香花幡蓋。倍勝於前。太子與諸官屬。前後導從。出城北門。爾時淨居天。化作比丘❷。著壞色衣。剃除鬚髮。手執錫杖。徐步而行。形貌端嚴。威儀整肅。太子遙見。問是何人。時淨居天。以神通力。令彼馭者報太子言。如是名為出家人也。太子即便下車作禮。因而問之。夫出家者。何所利益。比丘答言。我見在家。生老病死。一切無常。皆是敗壞不安之法。故捨親族。處於空閒。勤求方便。得免斯苦。我所修習。無漏聖道。行於正道。調伏諸根。起大慈悲。能施無畏。心行平等。護念眾生。不染世間。永得解脫。是故名為出家之法。太子聞已。深生歡喜。天人之中。唯此為上。我當決定修學此道。既見是已。登駕而還。

原典註解

①**沙門**：巴利語 samaṇa，音譯舍囉摩拏，又作沙門那，意譯勤勞、勤懇、息止、息心、息惡、修道、貧道等。指剃除鬚髮，止息諸惡，調御身心，勤行諸善，以期證得涅槃之出家修道者的總稱。《雜阿含經》：「何等為沙門義？謂貪欲永盡、瞋恚永盡、愚癡永盡、一切煩惱永盡，是名沙門義。」《中阿含》：「云何沙門？謂息止諸惡不善之法、諸漏穢污、為當來有本煩熱苦報生老病死因，是謂沙門。」出家修行的行為自古印度就風行，印度吠陀時代便有捨家而求解脫之人，婆羅門教徒也受其影響，入山林寂靜處專修，佛教的沙門則以佛陀出家學道為開始。

②**比丘**：巴利語 bhikkhu 之音譯，又作苾芻、苾蒭，有乞士（行乞食以清淨自活者）、除士、薰士、破煩惱、除饉、怖魔等意。多指出家受具足戒之男子，比丘原語係由「求乞」一詞而來，有破煩惱者之意。

耶輸應夢

在一個深夜裡，太子妃耶輸陀羅忽然感到有孕，因極為疲累，便睡入夢中，而夢中見到二十種可怕的事，她驚醒過來，馬上告訴太子：「我剛才夢見了大地震動，天帝的幢幡崩倒在地上；天上星星都墜落了；最大傘蓋被馬車夫拿走；我頭上的髮髻被刀子剪斷；我身上的瓔珞隨流水漂走；我的身形變得醜陋；我的手足自然落下；忽然赤裸身子；座床也塌在地面；臥床的四腳摧折；寶山崩塌；宮內大樹被風吹倒；天上明月隱沒；日光黑暗；宮城裡的炬火出向城外；護城之神啼哭；整個迦毗羅城變成一片荒野；園林花果都凋落；衛兵隨從四處奔逃亂成一團。太子，我所夢見的這二十種情景，內心十分恐怖不安。難道是我的壽命將盡，將與太子別離？」

太子聽到耶輸陀羅的夢境，內心想著：我已決定不久之後將捨離宮中，出家修行，難道她已經有所預知嗎？於是太子安慰耶輸陀羅：「妳所夢見的一切只是個夢境而已，不需要為這太憂傷，安下心，不用再煩惱。」

◀太子已決定不久之後將離宮出家修行，耶輸陀羅有所預知，夢中見到種種可怕惡事，醒後告訴太子，太子也只能安慰她。

耶輸應夢

本行經云。時太子妃。耶輸陀羅❶。即於是夜。便覺有娠。爾時其夜疲極。睡眠臥夢。見有二十種可畏之事。忽然驚起。報太子言。夢見大地。周匝震動。有帝釋幢。崩倒於地。天上星宿。悉皆墮落。最大傘蓋。車匿持去。我頭髮髻。刀截而去。我身瓔珞。為水所漂。我此身形。漸成醜陋。我身手足。自然墮落。我此身形。忽然赤露。我所坐床。自塌於地。我眠臥床。四腳摧折。眾寶大山。崩頹墮地。宮內大樹。被風吹倒。明月團圓。忽然而沒。紅日照明。忽然黑暗。宮城炬火。出向城外。護城之神。忽然啼哭。迦毗羅城。忽為曠野。園林花果。並皆凋落。防禦壯士。交馳橫走。白言太子。我見如是二十種惡夢。心大恐怖。驚疑不安。為復我身壽命欲盡。為共太子恩愛別離。太子聞是語已。自心思惟。我今不久。捨世出家。復慰諭耶輸言。汝見如是惡夢。不須懷憂。但當安隱。無復煩惱。

原典註解

①**太子妃耶輸陀羅**：關於悉達多太子與耶輸陀羅宿世種種因緣之說頗多，除了「五莖蓮花」，《佛說大方廣善巧方便經》亦載，有一光明婆羅門進城，遇見一名伽咤女子，伽咤見光明婆羅門色相端正，生起了欲愛，到光明婆羅門面前敬禮而說：「請求您能與我共結為夫妻。」光明婆羅門告訴她：「我是修行人，對女人已不再生起貪愛之心了。」伽咤說：「今生如果不能跟你結為夫妻，不久我將結束性命。」光明婆羅門心想：「好不容易經過四萬二千年不違犯任何禁戒的清淨行，才有今日成果，怎可以染著愛欲，致修行成果毀於一旦，我還是趕緊離開才好。」光明婆羅門打算離開，才走離了七步，卻停住腳步，心中生起了悲心：「我縱使與這個女子結為夫妻而違犯禁戒，也不應該就這樣離開她，讓她因而失去了性命。」這時光明婆羅門就對伽咤說：「就如你的希求，我同意隨著你。」伽咤非常高興能如她所願，兩人就結為夫妻，共同生活了十二年。光明婆羅門即為悉達多太子前生，伽咤為耶輸陀羅前生，可見兩人宿世因緣之深。

初啟出家

某個夜晚，悉達多太子心中感到自己出家的機緣已經成熟，但如果沒經過父王同意，私自出家，有違教法，也不合於情理。於是祂起身來到父王的房中，長跪合掌向父王請求：「但願父王您可以准許我出家。」

淨飯王最擔心的事終於發生了，他老淚縱橫地說：「你所有願望我都可以答應，但只有你出家這事，我是萬萬不會答應的。」太子便說：「父王，那您就滿足孩兒四個願望吧，這樣孩兒就不會有出家的念頭了。」國王：「你有哪四個願望，我能做得到就一定滿足你。」太子說：「第一個願望，我希望能永遠不衰老；第二個願望，我希望能永遠青春少壯；第三個願望，我希望一生都無病苦的煩惱；第四個願望，我希望能長生不死。」國王說：「你如此聰明，怎會說這一番愚痴的話，世間之人有誰能免去生老病死。」

隔天國王召請了釋迦親族，對他們說：「太子昨夜向我請求出家，我如果允許，這國家就沒有儲君繼承王位，你們想想有什麼方法可以讓太子不再有出家之念。」親族們說：「我們就共同守護太子，這樣太子也沒辦法強行出家。」

於是國王下令在四城門外佈署了五百勇士、五百輛戰車，嚴密防衛，城上周圍還有五百士兵日夜巡邏，沒有一刻休息。皇宮內，波闍波提夫人也召集了所有宮女，對她們說：「從今晚開始，你們每個人都要提高警覺，門窗閉鎖，好好守護太子，不可怠慢昏眠，別讓太子出家。如果太子出家，你們就都沒有依靠了。」

◀太子向淨飯王請願出家修道，父王說除出家一事，我皆能滿足太子所求，太子於是求四願：不老、恆少、無病、不死。然而，這是無人能避之事。

初啓出家

莊嚴經云。菩薩於靜夜中。作是思惟。若不啟父王私自出家。違於教法。不順俗理。從其所住。詣父王宮。放大光明。長跪合掌。白父王言。願欲出家。王聞此言，涕泣不許。重白父言。有四種願❶。當斷出家。一願不老。二恒少壯。三常無病。四恒不死。王即告言。此願甚難。諸仙世人。誰免老死。王召親族而作是言。太子昨夜。來請出家。我若許之。國無繼嗣。作何方便。令其息心。諸族白言。我等當共守護太子。太子何力。能獨出家。王勅親族。城東門外。置其五百釋種童子，英威勇健。制勝無前。一一童子。有五百輛鬥戰之車以為嚴衛。五百力士。執戟於前。南西北門。如上所說。於其城上。周匝分佈。五百壯士，擐甲持矛。晝夜巡警。無暫休息。國太夫人。波闍波提。於王宮內。集諸彩女。自從今夜。無令眠睡。戶牖重關。堅持鎖鑰。守護太子。莫生怠慢。勿使出家。悉無依怙。

原典註解

①**四種願**：悉達多太子向淨飯王所提的四種願望，都是不可能達成的，也就是人在出生之後所必須經歷的老病死痛苦。「老苦」指眾生衰老時所受之身心之苦。《中阿含經》形容老相為：「頭白齒落，盛壯日衰，身曲腳戾，體重氣上，柱杖而行，肌縮皮緩，皺如麻子，諸根毀熟，顏色醜惡。」《瑜伽師地論》列舉老苦五相，即：盛色衰退、氣力衰退、諸根衰退、受用之境界衰退、壽量衰退。有情老時，領納攝受種種身苦事，故有諸老苦。所以，太子第一願求不老，第二願求恆少壯，第三願求常無病，這都是不可能的事。而他的第四願求不死，更不可能，隨著衰老，必然面對死亡，如《中阿含經》：「此說死，前說老，是名老死，是謂知老死如真。云何知老死習如真？謂因生便有老死，是謂知老死習如真。」可知老死相伴為真常之理。至於第三願求無病苦，也是很難，身體四大不調，或自然衰老，或宿世惡因緣，都可能導致病苦，《瑜伽師地論》指出病苦五相，即：身性變壞、憂苦增長多倍、於可意境不喜受用、非其所欲之不可意境而強受用、能令命根速離壞。淨飯王當然無法滿足太子的四個願望，而這些願的內容，便成為太子日後出家所觀的「苦聖諦」，為教法的最核心。

夜半踰城

悉達多太子在殿中端坐思惟：過去諸佛都發過四種大願，第一願我未來能親證法性，於法自在而為法王，以無礙智慧救拔三界一切苦惱的眾生。第二願對於一切困於生死愚癡無明，如盲眼的眾生，我能以空、無相、無願等方便智慧法門作為他們的明燈和解藥，破除他們的迷惑與重重障礙。第三願是當眾生貢高驕慢，心懷顛倒邪見，對於虛妄的自我與外在境界生起執著，我應當為他們演說正法，令他們解悟。第四願是當一切眾生隨業輪迴流轉，受種種業報，如旋轉的火輪，又如一團煩惱絲纏縛，我應當為他們演說教法，讓他們得到解脫。

因為這四種廣大誓願的正念推動著祂，太子再次喚來馬車夫，對他說：「你快去把白馬帶拿來。」馬車夫說：「這樣的深更半夜，太子拿白馬帶要做什麼呢？」太子說：「我今晚決定為利益一切眾生，解除他們的苦惱而出家，你不可違逆我的命令。」

這時淨居天神以神通力讓所有士兵、宮女都昏睡而無覺知。馬車夫牽來白馬，太子一舉步，大地就六種震動，四大天神捧著馬足，帝釋天神引路，太子一路乘白馬飛奔而去，來到了古跋伽仙人的苦行林中，便下了馬，端然坐下。

◀太子發出家度眾的四大願心，感動護法天神，在神力加持下，得以夜半出城，前往仙人苦行林中。

夜半踰城

莊嚴經云。爾時菩薩於音樂殿中。端坐思惟。過去諸佛。皆發四種大願[1]。一者願我未來自證法性。於法自在。得為法王。以精進智。救拔三界受縛苦惱眾生。二者有諸眾生。嬰此生死。黑暗稠林。患彼愚癡。無明瞖目。以空無相無願[2]。為燈為藥。破諸暗惑。除其重障。成就如是方便智門。三者有諸眾生。豎高慢幢。起我我所。心想倒見。虛妄執著。為說正法。令其悟解。四者見諸眾生。處不寂靜。三世流轉。如旋火輪。亦如團絲。自纏自縛。為彼說法。令得解縛。太子語車匿言。汝可鞁乹陟來。車匿答言。今始半夜何用鞁馬。太子復言。我今出家。莫違我意。淨居諸天[3]。令彼軍士彩女悉皆昏睡。都無覺知。車匿即鞁馬畢。太子乘已。初舉步時。大地六種震動。升空而去。四大天王捧承馬足。梵王帝釋。翊從引路。至彼往古跋伽仙人苦行林中。即便下馬端然而坐。

原典註解

①**四種大願**：即釋迦牟尼佛最初出家所發四願：一願濟眾生困厄，二願除眾生惑障，三願斷眾生邪見，四願度眾生苦輪。

②**空無相無願**：又稱「三解脫門」，即通往解脫之道的三種法門。一、空門，觀察一切法皆由因緣和合而生；二、無相門，又稱無想門，若知一切法空，觀一切相不可得；三、無願門，又作無作門、無欲門，若知一切法無相，則於三界無願求；若無願求，則不造作生死業；若無生死業，則無苦之果報。

③**淨居諸天**：是淨業聖者的居所，又稱五淨居天、五那含天、五不還天、五重天，為證得不還果的聖者所往之處，無外道雜居，故名淨居。這五天為：一、無煩天，無一切煩雜處。二、無熱天，無一切熱惱處。三、善現天，能現勝法處。四、善見天，能見勝法處。五、色究竟天，色天最勝處。

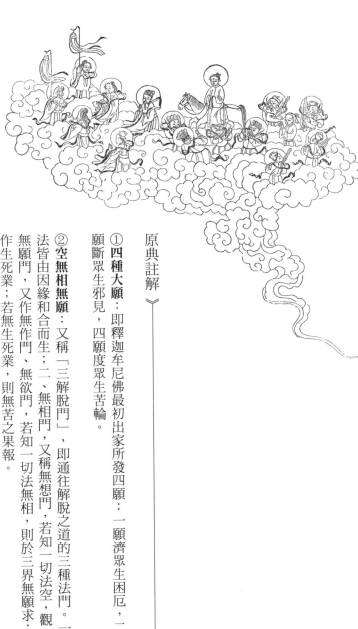

落髮留衣

悉達多太子來到苦行林時，心中這麼想：如果我不剃除鬚髮，那與世俗之人就沒差別了，這就不是出家。於是祂取出金刀，自己剃除鬚髮，然後把刀子拋向空中，內心發願：願斷一切煩惱及習氣的障礙。

這時帝釋天神大歡喜，即以天衣於空中取鬚髮，返回天上供養。太子剃除鬚髮後，身上仍然穿著過去的太子寶衣，祂想，出家衣服應與世俗有別，不應再穿這寶衣。

才一動念，淨居天神就馬上化作獵人，身穿著袈裟，手持著弓箭，來到太子面前。太子對獵人說：「你身上所穿的袈裟是過去諸佛所穿，可是你卻披這衣服獵物，這實在是罪過呀！」獵人說：「我穿此袈裟來引誘群鹿，牠們看見此服，便會來靠近我，我也可以方便捕殺牠們。」太子說：「你穿著袈裟，只為殺害生命。我如果得到這件衣服，只求解脫。這樣吧！我以此珍貴寶衣換你身上那件粗蔽的衣服。」獵人於是脫下袈裟給了祂，悉達多非常高興，也馬上把身上寶衣交給了獵人。之後，淨居天神還原本形，乘空而去。

悉達多看見這一幕，更加珍惜這件袈裟。已經剃除鬚髮，身著袈裟的祂，儀容已經改變，如願地說：「我今天開始是真出家了！」於是安詳徐步進入跋伽仙人苦行林中，一心求道。

◀太子拿起了金刀，自己剃髮出家，當下發願：願斷一切煩惱。這時淨居天化作一獵師，目的是為了獻上袈裟給太子。

落髮貿衣

落髮貿衣

莊嚴經云。菩薩作是思惟。若不剃除鬚髮[1]。非出家法。乃取金刀。即自剃髮。而發願言。願斷一切煩惱。及以習障。時天帝釋。即以天衣。於空取髮。還天供養。菩薩自觀身上。猶著寶衣。即作念言。出家之服。不當如是。時淨居天。化作獵師。身著袈裟。手持弓箭。默然而住。語獵者言。汝所著者。乃是往古諸佛之服。云何著此。而為罪耶。獵者言。我著此衣。以捕群鹿。鹿見此服。而不避我。方得殺之。菩薩言。汝著袈裟。專為殺害。我今若得。惟求解脫。我今與汝憍奢耶衣。汝可與我粗弊衣服。是時獵者。即脫袈裟。授與菩薩。菩薩於時。心生歡喜。即便與彼憍奢耶衣。時淨居天。以神通力。忽現本形。飛上虛空。還自梵天。菩薩見已。於此袈裟。倍生殷重。於時菩薩。身著袈裟。儀容改變。作如是言。我今始名真出家也。於是安詳徐步。至彼跋渠仙人苦行林中。一心求道矣。

原典註解

①**剃除鬚髮**：悉達多太子發心出家修道，依諸佛法，自剃鬚髮，故後世僧尼出家剃度時，依法剃除鬚髮，剃髮目的在發願斷除一切煩惱以及習障，另外有破憍慢之義，《大智度論》：「我剃頭著染衣、持鉢乞食，此是破憍慢法。」因為印度自古來以剃除頭髮為恥辱，對犯重罪之人也科以此罰，當時之出家外道皆編髮，佛陀自剃除髮，又著壞色衣，乃為離憍慢心、斷煩惱，或避免世俗虛飾，以方便修道。

剃髮出家時，需著染衣（袈裟），稱剃髮染衣，或稱剃染、剃度。剃髮儀節多依《清信士度人經》，以半月一剃為例，並以頭髮鬚爪的長利為破戒之相，於落髮處香水灑地，周匝七尺，四角懸幡，安一高座，擬出家者坐，又施二勝座擬二師坐。欲出家者著本俗服，辭拜父母尊親說偈言：「流轉三界中，恩愛不能脫，棄恩入無為，真實報恩者。」有關剃髮之儀則與行事載於《四分律刪繁補闕行事鈔》。

車匿辭還

當悉達多太子到達苦行林之後，便對馬車夫說：「世間之人，有些人內心忠誠追隨，卻從來不表現於外在上；有些人表面上看似忠誠追隨，其實內心卻有其他心思；有些人見到有錢有勢的富貴人家，便逢迎獻媚爭著奉侍；如果是遇到貧賤的人，就算是親朋好友，也唯恐避之不及。我今日已經捨棄王位繼承，而你仍一如往昔忠心跟隨，你實在是位難得的人。」

於是太子把身上所有貴重物品卸下，託付這馬車夫帶回宮中，請他轉告父王說：「我今日對世間一切已無所求，出家修道不是為了生天之樂，也不是不孝，更沒有憤世嫉俗的心。只是看見一切眾生迷失了正路，沉沒在生死海中，因而心中生憐憫心，為拔濟眾生，所以才立志出家。希望父王不要憂慮，父王如果說我因年少不應出家，你就以我這番話來請問父王，生老病死豈能有定時，就算年少，又有誰能避免無常到來？」

接著，太子又把隨身的衣物托馬車夫交給耶輸陀羅，並要他轉告耶輸陀羅：「人世間的恩愛終有離別的時候，我今日為斷除種種苦，所以出家修道，希望她能保重，不要因為留戀而生憂愁。也一起轉告所有釋迦族親友與宮女等，我為了破除無明煩惱而出家，只願早成等正覺，功德圓滿之時，當有相見之時。」

馬車夫聽了這番話，便帶著白馬一路悲泣而歸。

◀ 佛陀告訴馬車夫，我已經沒有什麼希求，也不以五欲為樂，非是不孝，亦非憤世嫉俗，實為救度一切眾生而出家。你回去後，告訴他們別為我憂心。

車匿辭還

車匿辭還

莊嚴經云。時太子至山林已。慰諭車匿。世間之人。或有心從而形不隨。或有形隨而心不從。汝今心形皆悉承受我。世間之人。見富貴者。競來奉事。見貧賤者。棄而遠之。我今捨國來至於此。惟汝一人。獨能隨我。我今既得至閑曠處。即自解衣。取莊嚴具。還於宮中。奉上父王。作如是言。太子今者。於世間法。無復希求。不為生天。受五欲樂。亦非不孝。亦無嗔忿慊恨之心。但見世間眾生。迷於正路。沒在生死。為欲拔濟眾生。故出家[1]耳。惟願父王。勿生憂慮。若謂我今年少。未應出家。汝以我言方便諮啟。生老病死。豈有定時。人雖少盛。誰能獨免。又脫諸餘嚴身之服。與耶輸陀羅言。人生於世。愛必別離。我今為斷此諸苦。故出家學道。勿以戀著。橫生憂愁。及語宮中諸彩女等。並告釋種童子。我今欲破無明網故。願成正覺。所為事畢。當還相見。車匿即泣而回。

原典註解

①**出家**：「在家」的對稱，即指辭別家庭眷屬、棄捨世間俗務，一心修道。《顯揚聖教論》：「出家者，謂持出家威儀相貌，棄捨俗境，受持禁戒，如法乞求清淨自活。」出家行為自古即風行印度，《中部》第三十八經云：「居家生活有障礙、有塵埃，出家生活則豁達自由。凡在居家，則難於純一專心奉持梵行，迄於壽命盡，不如我今剃鬚髮、著袈裟（壞色衣）。由居家而至於無家，如是彼遂捨少財或多財，捨多少之親屬，剃鬚髮，著袈裟，由居家出離於無家。」《中阿含》〈何苦經〉提到出家與在家各有自在與不自在之苦樂，在家以金銀、畜牧等不增長之不自在為苦，以得增長為樂；出家以隨貪欲瞋癡自在任運為苦，以不隨貪欲瞋癡為樂。《大寶積經》卷八十二廣說在家、出家之得失：「在家多塵污，出家妙好。在家具縛，出家無礙。在家多垢，出家捨離。在家惡攝，出家善攝。在家沒於愛欲淤泥，出家遠離愛欲淤泥。」《大智度論》卷十三闡明在家與出家之別：「居家生業種種事務，若欲專心道法，家業則廢；若欲專修家業，道事則廢；不取不捨，乃應行法，是名為難。若出家離俗，絕諸紛亂，一向專心，行道為易。」《賢愚經》卷四亦說出家功德無量，可見出家修道殊勝之處。釋迦牟尼佛以八相成道，其中之一就是「出家相」，雕畫或繪畫之作品頗多，印度馬德拉斯（Madras）阿摩羅婆提大塔欄楯為現存最古之作，中印度山琦（Sanchi）大塔東門亦見佛陀出家之浮雕。中國江蘇棲霞寺、山西靈巖窟寺中亦有此作。

車匿還宮

當馬車夫牽著白馬，帶著珠寶瓔珞等回宮，寧靜的宮中這時響起白馬嘶聲，摩訶波闍波提及耶輸陀羅，以及宮女們都急忙衝了過來，她們都懷著一線希望期待能見到太子回宮。然而，眼前所見的並不是太子，而是馬車夫牽著一匹白馬，緩緩走進來。

姨母拉著馬車夫問：「太子人呢？怎麼只有你一個人回來。」馬夫回答：「太子一心求道，祂捨棄世間的一切，獨自進入了山林之中，身穿著破舊的壞色衣，剃除鬚髮。」姨母聽了之後，悲傷地放聲大哭。妃子與宮女們也都哭了起來。姨母責備馬車夫：「我可有虧待你，你竟敢把我辛辛苦苦扶養長大的太子送入荒野的山林中，那裡到處是毒蛇猛獸，如此危險的地方，你怎麼放得下他一人在那裡，萬一有個三長兩短，叫他該麼辦呢？」馬車夫說：「太子只把白馬連同這些貴重物品託付給我，並吩咐我回宮之後，要勸各位不要傷心，太子說祂一旦修成果，還會與大家相見。」

這時耶輸陀羅已經淚流滿腮，她指著馬車夫：「你怎麼這麼無情無義，我與你無冤無仇，你為何這樣陷害我，把我的丈夫棄於山林中，使我孤寡一人？」馬車夫哽咽說：「太子將要出宮時，天神以神力讓所有守衛都昏睡沒有覺知。又放大光明，那時天神捧著馬車越過城門，我又如何能擋得住呢？我實在沒有這樣的本事和能力能讓太子出宮到山林裡的。」

◀當馬夫回宮，告知摩訶波闍波提及耶輸陀羅，太子入山林出家修道一事，她們痛哭不已，如是世間愛別離苦，天下無不散之宴席。

車匿還宮

莊嚴經云。是時車匿。牽其白馬。並賫瓔珞。諸莊嚴具。將入王宮。其馬嘶聲聞於宮內。摩訶波闍波提及耶輸陀羅並諸彩女。皆來聚集。共相謂言。將非太子回還宮耶。車匿入宮門已。姨母及妃並諸彩女。惟見車匿。不見太子。同時啼哭❶。即問太子今在何處。汝獨回歸。車匿還言。太子棄捨五欲。為求道故。在彼山林。著壞色衣。剃除鬚髮。姨母聞已。放聲大哭。責車匿言。我今何負於汝。取我聖子。送彼山林。猛獸毒蟲甚可畏怖。而今獨住。將何所依。車匿言。太子付我白馬及諸寶具。令我速還。太子囑我。汝到宮時拜上姨母。殷勤勸諭。莫生憂念。住此不久。得成正覺。還當相見。耶輸陀羅責車匿言。汝今何故。損害於我。車匿答言。但以諸天神力使守衛之人咸皆熟睡。無所覺知。太子出宮。如日升天。放大光明。諸天捧承馬足而去。非干車匿之事也。

原典註解

①**同時啼哭**：當摩訶波闍波提及耶輸陀羅和諸彩女，知道悉達多太子捨親出家之後，放聲哭泣，這是世間「愛別離苦」，又稱恩愛別苦、哀相別離苦，為世間八苦之一。這是與所愛之對象，包含人、事、物別離時，所感受的痛苦境界。《佛說五王經》：「何謂恩愛別苦？室家內外，兄弟妻子，共相戀慕，一朝破亡，為人抄劫，各自分張，父東子西，母南女北，非唯一處，為人奴婢，各自悲呼，心內斷絕，窈窈冥冥，無有相見之期。」《大毗婆沙論》：「諸可愛境遠離身時，引生眾苦，故名愛別離苦。」《大乘義章》解釋愛別離苦，包括了自身所愛離散，以及親戚眷屬等之間的愛別離苦。

詰問林仙

當悉達多太子來到跋伽仙人苦行林中，林間鳥獸見到太子，皆目不專睛地看著祂。跋伽仙人遠遠看見太子，還以為是天神來了，便帶領徒眾前往迎請太子上坐。

太子觀察這些仙人的外形，有披著草衣，有以樹葉遮體；有的專食草木花果的，有的一日一食，或是兩日一食、三日一食的；有的奉祀水火，有的奉祀日月；有的翹一足而立，有的躺臥於糞穢之中或荊棘上，也有橫臥於水火鄰側的。種種苦行，千奇百怪。

太子詢問跋伽仙人：「你們修這苦行的目的究竟是為了什麼？」仙人說：「修苦行是為了希望來世生天。」太子說：「天上雖有種種樂，但福報享盡仍要下墮，輪迴六道，終究是苦呀！我今修道，不求生天，只為斷離輪迴之苦。」仙人們無法理解，提出許多疑問，他們互相辯答，一直到太陽西下，太子只好在這林中停留一夜。

悉達多太子認為這些仙人雖勤修苦行，但並沒有真正解脫苦業的根本問題。隔天便辭別仙人，其中有一仙人善於觀察外相，便對眾人說：「這位仁者，諸相具足，決非等閒之輩，他將來必定成就一切種智，為天人師。」仙人說完，便對太子說：「我們所修法門不同，就不相留。您可向北行，那裡有二大仙，名為阿羅邏、迦蘭，您可以去參訪。不過，我認為您應該不會住於那裡。」於是太子便往北而行。仙人們看著太子離去，合掌目送，心中有些惆悵，一直到太子身影消失才各自歸去。

◀ 仙人說：「修行是為了來世生天。」但佛陀說：「修行是為了解脫生死輪迴之苦。」由於志不同，道不合，便離去。

詰問林仙

詰問林仙

因果經云。爾時太子。至跋伽仙人❶林中。鳥獸矚目。仙人遙見太子。謂是天神。與諸徒眾迎太子坐。太子觀察仙人之形。或披軟草。或披樹葉。以為衣服。或食草木花果。或一日一食。二日一食。三日一食。或事水火。或奉日月。或翹一足。或臥塵土荊棘。或臥水火之側❷。太子問其所由。仙人答言。為欲生天。太子告仙人言。諸天雖樂。福盡則墜。輪回六道。終為苦聚。我今學道。為斷苦本。太子與諸仙人。設此議論。言語往復。乃至日暮。太子即便停彼一宿。明旦辭去。有一仙人。善知相法。語眾人言。今此仁者。諸相具足。必當得於一切種智。為天人師。我等所學道異。不敢相留。仁者若去。可向北行。彼有大仙。名阿羅邏迦蘭。仁者可往就其講論。我觀仁者。亦當不必住於彼處。於是太子即便北行。諸仙人眾見太子去。心懷懊惱。合掌相送。極望絶視。然後乃還。

原典註解

①**跋伽仙人**：又稱婆伽婆仙、婆伽仙、跋伽仙，或稱無不達，意譯作瓦師。住於毗舍離國苦行林的仙人。悉達多太子踰城出宮後，往其處問道，因而載於史傳《過去現在因果經》、《佛本行集經》、《有部毗奈耶破僧》等，但其學說不詳，此仙為苦行外道，修行自餓之法，事水火，奉日月。

②**苦行**：佛典中所提的「苦行」，主要是指印度諸外道為了求來世生天而修行的方法。此修行方式，種類繁雜，方式詭異，如以灰塗身、也有吃草、吃糞便。釋尊最初出家時，修苦行六年，日食一麻一麥，後來，他發現苦行並非正道，未能真正解脫，於是捨棄苦行，求正覺之法。外道執苦行以為得果之因，據經典大致整理成六大類：

一、自餓苦行外道：常不飲食，能長久忍受飢餓。

二、投淵苦行外道：在天寒地冷時進入深淵忍受凍苦。

三、赴火苦行外道：常熱炙身體、薰鼻等，甘心忍受熱惱狀態。

四、自坐苦行外道：不拘於寒暑而經常以裸體之身坐在空地上。

五、寂默苦行外道：以屍林塚間為其住處，寂默不語。

六、牛狗苦行外道：以為人的前世是牛、狗，於是持牛狗戒，啃乾草、吃髒東西，只求生天。

在「六師外道」之中，「阿耆多翅舍欽婆羅」及「尼犍陀若提子」即屬於上述苦行外道的類型。

勸請回宮

淨飯王得知太子消息，立刻派遣太子師隨同大臣，趕到跋伽仙人苦行林中，向仙人們問：「各位大仙人，你們是否見過一位剛剛出家修道的太子經過這裡？」仙人回答：「前幾天，有一位面貌端正，相貌堂堂的年輕人來過我們這裡，還和我們討論了好久；但祂不太認同我們所修行的方式，就離開了，往北方去找阿羅邏、迦蘭仙人。」

太子師一聽到，便急往阿羅邏、迦蘭仙人住所，果然在中途，遇見在樹下禪坐的太子，就下馬行禮對太子說：「大王知道您立志出家修行意志堅定難以挽回，只是大王對於太子恩重情深，此刻非常憂傷！但願太子能返回宮中。太子不用擔心因此致廢棄修道，皇宮中可以建造一樣的禪林讓您修行，您何必一定要獨居這荒野山林呢？」太子回答：「我怎會不知道親情恩重，只是這生老病死的苦惱仍必須要斷除，所以來到這裡。假使世間種種恩愛沒有分離，沒有生老病死的苦，我又何必一定得出家呢？我今天求道的目的就是為了解脫這些苦惱，我是不會回頭的。」

這時，太子師及大臣們因奉國王之命，來請求太子回心轉意，他們徘徊在路邊，共同討論商議：「我們既然奉國王命令來到這裡請太子回宮，任務沒有達成，空手而歸，如何向國王交代呢？如今唯一的辦法，就是在我們當中，選出聰明智慧、慈心柔和、秉性忠直的五個人，留下來守護服侍太子，秘密監視，觀察太子的情況。」於是，大家共同推選憍陳如等五人。

太子師問說：「你們五人是否都能留下來？」五人皆回答：「善哉！我們當尊命秘密守護太子。」五人表示願意執行這一神聖任務。這樣決定下來，王師及大臣們才辭別太子，悲泣而還。

◀太子師隨同大臣，雖然找到太子，但太子不肯回宮，他們決定派五位隨從留下來守護太子，五人也因此成了佛陀證道初轉法輪的初度五比丘。

勸請回宮

因果經云。時淨飯王。遣太子師。及以大臣。至跋伽仙人苦行林中。問於仙人。太子出家學道。曾至此山林否。大仙答曰。有一童子。共我議論。今詣阿羅邏。迦蘭仙人處。師別。即往彼仙人所。果見太子。師即白太子言。大王久知太子深樂出家。此意難回。然王於太子。恩愛情深。願請回駕。還返宮中。不令太子全棄道業。靜心之處何必山林。太子答言。我豈不知恩愛情深。但畏生老病死之苦。為斷除故。是以來此。我今修道。終不回還。師自思維。奉受王使。來請太子。而復不能轉太子意。徘徊路側。不能自返。互相議言。既為王使。而無力效。今者空歸。云何奉答。我等當留所從五人。聰明智慧。心意柔軟。為性忠直。密令伺察。看其進止。守護給侍。語憍陳如[1]。汝等五人[2]。悉能住在此否。五人答曰。善哉。依命當密守護。師及大臣。辭別太子悲泣而回。

原典註解

①**憍陳如**：又稱憍陳那、阿若憍憐、阿若拘鄰、居鄰、居倫等，意譯為初知、已知、暸教、知本際。佛陀最初所度五比丘之一，為第一位悟道者的弟子，《佛所行讚》：「以彼知法故，名阿若憍憐，於佛弟子中，最先第一悟。」佛陀讚憍陳如為聲聞中第一比丘，《增一阿含經》：「寬仁博識，善能勸化，將養聖眾，不失威儀，所謂阿若拘隣比丘是。初受法味，思惟四諦，亦是阿若拘隣比丘。」

②**五人**：即初度的五比丘，又作五群比丘。當初悉達多太子踰城後，伴隨太子最初修苦行時的五位隨從。世尊成道後，最早受到教化的五名比丘。後來五比丘見太子放棄苦行，接受牧女難陀的供養，誤以為太子生退道心，於是離去，世尊在成道之後，前往波羅奈斯國鹿野苑，為五比丘開示四諦、八正道等法，此五人因而得度。

調伏二仙

悉達多太子來到阿羅邏仙人住處後，便向他請法：「仙人大德，想請問您對生死輪迴的苦要如何斷除？」仙人回答：「想斷除生死輪迴的根本，你必須嚴格持戒，遠離所有不善的行為，忍受種種苦，並在空處修習禪定。如此持續於專注，你將會進入初禪狀態；當你內心能夠自然而然地專一，禪定的喜樂便會產生，這時候會進入第二禪定階段；接下來你只要不眷戀在這種喜樂，持續專注，還會產生更深妙之樂，這是第三禪狀態；最後，當這些樂也不再執著時，念頭才會真正澄淨，進入完全捨離，達到第四禪的最高境界，獲得無想禪定果報。」

太子又問：「當禪定境界達到『非想非非想處』時，這個狀態是有我的意識呢？或是無我意識？如果說是無我意識狀態，則不能說『非想非非想』；如果說有我意識，那麼這個『我』是有覺知的，或是無覺知的呢？如果是沒有覺知的，不就跟木石一樣；如果還有『自我意識』的覺知，那就存在著攀緣的狀態；既然是有攀緣的心，就會有染著；因為這樣的細微染著的存在，並非能真正解脫。你們所修的禪定，只不過是斷了最粗重的煩惱，還沒觀察到最微細的煩惱還潛伏著；因此以為修到這樣的境界就究竟解脫，事實上最微細的煩惱仍然逐漸滋長，仍然脫離不了輪迴。所以這不能算是到達真正解脫的彼岸，因為還必須斷除深藏的我見我執，當這一切都完全捨盡時，才能稱得上是真正的解脫。」

仙人聽完後，默然無語，心想：太子領悟的道理甚為深奧微妙，我等所不及。便對太子說：「如果他日你成就道業，願你能先來度我。」太子為了追求殊勝的教法，便辭別而去，來到迦蘭仙人住所，經過一番討論問答，太子認為迦蘭仙人所修之道也不是究竟，便告辭前行。仙人也一樣心生敬慕，合掌目送，直到太子身影消失。

▲太子先後到兩位仙人所在，尋求聖道之法，兩位仙人皆已達到世間最高境界之禪定，但太子證此禪定後，認為仍不是究竟解脫之法，於是辭去。

調伏二仙

調伏二仙❶

因果經云。太子至阿羅邏所。太子問言。生死根本。云何斷之。仙人答曰。持戒忍辱。修習禪定。有覺有觀。得初禪。除覺觀。定生入喜心。得二禪。捨喜心。得正念。具樂根。得三禪。除苦樂。得淨念。入捨根。得四禪。獲無想報。太子復問。非想非非想處。為有我耶。為無我耶。若言無我。不應言非想非非想。若言有我。我為有知。我為無知。我若無知。則同草木。我若有知。則有攀緣。既有攀緣。則有染著。故非解脫。汝以盡於粗結。而不自知細結猶存。以是之故。謂為究竟。細結滋長。復受下生。以此因故。非度彼岸。若能除我。及以我想。一切盡捨。是則名為真解脫也。仙人默然。心自思惟。太子所說。甚為微妙。於時太子。為求勝法。辭別而去。仙人白言。汝若成道。願先度我。太子答言。善哉。次至迦蘭所住之處。論議問答。亦復如是。太子即便辭去。仙人奉送。絕視方還。

原典註解

①**二仙**：悉達多太子出家後先後參訪兩位外道仙人，第一位是阿羅邏仙人（又作阿羅邏迦藍、阿藍迦藍、羅迦藍、阿羅邏、迦羅摩、阿藍、迦藍等，意譯為自誕、懈怠等）。為印度毗舍離城人，居住在中印度王舍城附近，在當時外道中頗富盛名，相傳有三千弟子，乃禪定修持者，以無所有處為其所謂究竟涅槃，據說此仙人已進入無所有處定，而太子不久也修得此禪定，但知其並非究竟解脫之道，遂離去。

之後，又前往第二位優陀羅迦羅摩子仙人（又作鬱陀羅羅摩子、鬱陀羅伽、鬱陀伽、鬱陀等，意譯為雄傑、猛喜、極喜等），也是住於王舍城附近林中，其以修持「非想非非想定」而聞名的修行者，這是世間最高境界的禪定。太子於是拜此仙人為師，並證得此最高禪定境界，但太子在證得之後，發現即使是最高禪定也並非究竟解脫，於是離去，自行參悟了緣起甚深的無正覺。

據《佛本行集經》卷第三十三，當世尊成佛之後，馬上想到去度化這兩位禪定仙人，只可惜這兩位仙人福薄緣淺，都往生，無緣聽聞佛法。後來，世尊以神通觀察兩位仙人投生之所，分別在無想天與非想非非想處天。但當他們的定境退失以後，都重入輪迴，一位投生到人間變成一隻飛狸，專吃飛禽走獸，因為造下太多的殺業，死後下墮地獄。另一位投生到了人間當暴君，殺人無數，造下很嚴重的殺業，死後也墮入了地獄。可見儘管投生到極高境界的天，依舊可能在輪迴中墮入惡道。

六年苦行

太子心中想：我以六年大修勤苦精進之行，這是一般人所難以做到的苦行，唯獨一生補處菩薩難行能行，我以行四禪定為基礎，觀察出入息，從中領悟深妙之法，以致能心無所住，周遍虛空，通達空性緣起的道理。

而我出於世間，不就正是為了開化這些外道之學，教悔天上與人間因果甚深的因緣法，這些外道錯誤知見，誤以為死後什麼都沒有了，或是以為有一個永恆的梵我存在不滅，或是以為沒有因果業報等等，世間人種種謬誤的想法，是因為他們不明白真理，不明白因果禍福都是自己所作所召感的，不明白一切皆是生滅的因緣法則。

事實上，並不存在任何永恆不滅的靈魂，更不是死後就一無所有，這一切都只是緣起緣滅，幻生幻滅，一如夢幻泡影。所以，我應當為眾生說功德差異業報之法，以身口意的清淨為基石，舉手投足的威儀，起心動念都要與道相應。

在這六年之中的苦行中，祂日食一麻一麥，結跏趺坐於菩提樹下，無論春秋冬夏、暴雨狂風，總是巍然端坐，無論遇到任何境界，始終不動如山，保持諸根不亂，心不恐懼，目不邪視。就算樹上鳥巢的糞便汙染身體，也不曾抱怨嫌棄。祂只有一心向道，行人所不能行，忍人所不能忍。天龍八部親見太子這般勤苦精進的修持，都歡喜讚歎，隨其身旁供養奉事。太子六年的修行，已默默教化無數天人，也奠定將來成就無上道，廣度眾生的基礎。

▲佛陀示現六年精勤苦行，難行能行，難忍能忍，不曾動搖，展現非凡道心，並以此感召諸天護法。

六年苦行[1]

普曜經云。爾時太子作是思惟。六年之中。亦大勤苦精進之行。因是現行四禪。數出入息。令其意解。無想不念。無所希望。心無所倚。欲現世間。開化外學。若干品業。訓誨諸天。亦其罪福。外學異術。計死斷絶。神無所生。或言有常。云無罪福。為分別說功福之報。現身口意。當行清淨。日服一麻一麥。六年之中。修立難行勤苦之行。宿命不債。六年之中結跏趺坐。威儀進止。未當有缺。亦無覆蓋。不避風雨。不起經行。大小便利。亦不屈伸。亦不傾側。身不倚臥。春秋冬夏巍然端坐。值有眾難。未曾舉手。以自障蔽。諸根不亂。目不邪視。心不恐怖。鵲巢樹上。抱卵哺雛。糞汙其身。亦不棄去。天龍八部目自睹見。菩薩功勳。道德巍巍。來往其邊。供養奉事。太子定坐六年。現勤苦行。教授開化天人。立之二乘。以是之故坐六年耳。成無上道廣度眾生。

原典註解

①**六年苦行**：佛陀在證悟之前曾獨自苦修六年，這過程非常艱辛，忍受飢渴、寒、熱、風雨、蚊虻等苦，身形枯燥，嚐盡了種種的苦，非凡人所能承受，受如此折磨，卻於解脫法無益，最終祂才悟睹明星而證道。由於每一尊佛成佛因緣不同，不一定都如釋迦牟尼佛一樣歷經六年的苦行，佛陀曾提及祂「六年苦行」的過去世因緣，這是祂過去生曾經因為驕慢而口出惡語，輕慢了迦葉佛的惡口業及對三寶不敬的惡業所導致的，所以必須先償還過去的惡緣，然後才能證得阿耨三耶三菩提佛。

佛陀因此告誡弟子們要善護身口意，不可輕慢三寶，以免修行招來障礙。如《佛說興起行經》：「我前向護喜作惡語道：『迦葉佛，髡頭沙門，何有佛道？佛道難得！』以是惡言故，臨成阿惟三佛時，六年受苦行。舍利弗！爾時日食一麻、一米、大豆、小豆，我如是雖受辛苦，於法無益。我忍飢渴、寒熱、風雨、蚊虻之苦，身形枯燥，謂乎我成佛道，實無所得。舍利弗！我六年苦行者，償先緣對畢也，然後乃得阿耨三耶三菩阿惟三佛耳。」

遠餉資糧

悉達多太子來到伽耶山苦行林中，為求真理，日食一麻一麥，修持苦行生活。憍陳如等五人也隨太子身旁一起修行，未曾離開過。他們也會輪流派一人回宮向太子師及大臣們稟報太子的近況，由太子師轉告淨飯王。

淨飯王知道這一切之後，非常煩惱，他對太子師說：「太子捨棄了轉輪王位，以及父母眷屬恩情，是我福報不足，失去了太子，而今太子在深山苦行，教我如何安心！」又附囑宮人告知波闍波提及耶輸陀羅，她們二人知道後，更加擔心煩憂，於是，他們都準備了五百車生活物品，讓馬車夫送到太子那裡，使他沒有任何匱乏。

馬車夫即率領餉車疾速而去，到了苦行林中，他見太子消瘦如柴、皮骨相連的樣子，便難掩悲傷，含著淚說：「國王日夜思念太子，今天特別派遣我送來這些物品給您。」太子說：「我既然已經違逆父母恩情，又捨尊貴的王位，一心只為求得真理而來，既然如此，怎麼可以接受這些豐厚的供養呢？」馬車夫心想道：太子既然堅決不肯接受，我只好另外找人把這些物品運回宮裡，我願留在這裡奉侍太子不離開。

◀淨飯王派人從宮中送種種豐富物品到苦行林給太子，但太子不肯接受，決意修苦行，日食一麻一麥，一心只求真道。

遠餉資糧

因果經云。太子至伽闍山。苦行林[1]中。求正真道。日食一麻一麥。修其苦行。憍陳如等。亦修苦行。供奉太子。既見此已。即遣一人。還白王師。具說太子所修行事。王師即往王所。說如上事。爾時白淨王。聞此語已。心大煩惱。舉身顫掉。語王師言。太子遂捨轉輪王位。并父母親族恩愛之情。遠去深山。修其苦行。我今薄福。失此之子。復以使人所言。向波闍波提。及耶輸陀羅。而為說之。時淨飯王與姨母及耶輸。各嚴五百車乘資糧之物。令車匿送與太子。隨時供養。勿使乏少。車匿領車疾速而去。至彼。見太子形容消瘦。銜泣而言。大王憶念太子。遣我送此資糧遠餉。太子答言。我違父母。及捨國土。遠來在此。為求至道。云何當復受此餉耶。車匿聞已。心自思維。太子今者。既不肯受。我當別覓一人。領資糧車。仍還王所。我住於此。奉侍太子。不離左右。

原典註解

①**苦行林**：梵名Tapovana，又稱優樓頻螺（Uruvilva）聚落，位於中印度摩揭陀國佛陀伽耶城南方尼連禪河沿岸，於今印度佛陀伽耶大塔南側約五百餘公尺之處，目支鄰陀村之東，相當於今現今烏里爾（梵語Urel，又音譯作烏瑞爾），至今僅存雜木一叢。據《大唐西域記》卷八載：「目支鄰陀龍池東，林中精舍有佛羸瘦之像。其側有經行之所，長七十餘步，南北各有畢鉢羅樹。故今士俗，諸有嬰疾，香油塗像，多蒙除差。是菩薩修苦行處。如來為伏外道，又受魔請，於是苦行六年，日食一麻一麥，形容憔悴，膚體羸瘠，經行往來，攀樹後起。」

現今在印度菩提迦耶南方之優樓頻羅村，村落附近有一座正覺大山，此座山並不高，據說佛陀是在這座大山上洞穴苦行，正覺大山龍洞入口處，右邊的建築物內有一尊佛陀像，左邊一處小門進入據說是佛陀苦行六年洞穴，一行禪師撰述的《故道白雲》，描述佛陀當年苦修之處為險峻岩石斜坡，山峰裡隱藏著無數洞穴，許多行者也都在此處苦行。

牧女獻糜

悉達多太子心想：我在伽耶山修苦行，如今已經六年，日食一麻一麥，身形已經消瘦，有如枯木，雖然我節節筋骨仍堅實有力，但我如果以此羸瘦的身體取證道果，那些外道修行人一定會認為我是以肌餓來證涅槃滅度的原因。所以，我今天必須照常受食，然後成道來度生。

於是祂來到尼連河畔，就地而坐。那時淨居天人看見林外有牧女，一位名為難陀，一位名為波羅，便對牧女說：「今天有一位修行人在此林中，你可前往供養。」牧羊女聽了，滿心歡喜，便親自取乳，煎煮後取乳糜盛滿缽，前往太子所在的地方，恭敬至誠頂禮，然後供養祂。

太子在接受牧女的布施後，心中祝福並發願：「我為成道度眾生故而接受此食的供養，但願布施者豐衣足食，安樂無病苦，增福增壽增慧。」祝願之後，即受食。從此，祂的身體恢復了光澤，氣力充沛，可證菩提。

◀ 佛陀苦行六年，為教示外道，飢餓苦行並非證悟涅槃的正因，便放棄此法，接受牧女呈獻乳糜。

牧女獻糜

牧女獻糜

因果經云。爾時太子。心自思維。我今於伽闍山。示修苦行。日食一麻一麥。身形消瘦。有若枯木。修其苦行。今滿六年。我若復以此羸身而取道者。彼諸外道。當言自餓。是般涅槃因。我今雖復如是。節節而有那羅延力。亦不以此。而取道果。我當受食。然後度生。作是念已。至尼連河側。露地而坐。時彼林外。有二牧牛女人。一名難陀[1]。一名波羅。時淨居天。勸牧女言。太子今在林中。汝可供養。女人聞已。心大歡喜。即擇肥壯牸牛。入河洗浴。親手自取醇乳。如法煎煮。即取乳糜盛滿金缽。至太子所。頭面禮足。而以奉獻。太子即便受彼女施。而咒願之。今所施食。欲令食者。得充氣力。當使施者。得食得力。得捨得喜。安樂無病。終保年壽。智慧具足。即復作如是言。我為度脫諸眾生故。而受此食。咒願訖已。即受食之。身體光悅。氣力充足。堪受菩提。

原典註解

①**牧女難陀**：釋迦牟尼佛成道之前，苦行六年，形銷骨立，後放棄苦行。此時一牧女呈獻乳糜，食後恢復體力，於菩提樹下悟道。此牧女難陀，又稱蘇嘉塔，在現今印度的巴卡羅村（Bakraur），還有一小座紀念蘇嘉塔寺，內有牧女向佛陀呈獻乳糜的塑像。依北傳佛教說法，佛陀農曆於十二月八日「成道」，為紀念此佛陀成道之紀念日，由於此日為「臘八」，中國佛教仿牧女供乳糜之典故，寺院會於該日以米及果物煮粥供佛，稱為臘八粥，此乃源於《百丈清規》卷二：「臘月八日，恭遇本師釋迦如來大和尚成道之辰，率比丘眾，嚴備香、花、燈、燭、茶、果、珍羞，以伸供養。」據說有些寺院於此節日，由僧人手持缽盂，沿街化緣，將收集來的米、栗、棗、果仁等材料煮成臘八粥散發給窮人，或信眾結緣，之後演變成為習俗，民間稱之為「佛粥」，如南宋陸游詩云：「今朝佛粥更相饋，反覺江村節物新。」中國民間本來就有「臘日」祭祖習俗。佛教信徒，將「臘日」與「佛成道節」融合，遂成「臘八節」。

禪河澡浴

悉達多太子心想：我已經六年勤修苦行，身上的衣服已破爛不堪，不堪使用。於是，漫步走到尸陀林，見地上有破糞掃衣，想撿起來穿。這時地神告訴虛空神說：「你們看，釋迦太子捨棄了轉輪王位，勤苦修行，還拾取被丟棄的糞掃衣。」虛空神知道此事，便轉告三十三天的天神，就這樣傳到了阿迦尼吒天界。

這時悉達多太子拿起糞掃衣，輕聲說：「不知這山林之中哪裡有水，可以洗一洗這件已髒的衣服？」天神聽到太子的話，就以手指地，馬上變出一個池子。

太子又想：「這池水清澈，但我到哪裡可以弄一塊石塊來洗衣呢？」這時帝釋天神立刻將方石安放在池邊。悉達多見到池邊有塊方石，便蹲下來洗衣服。

帝釋天神對太子說：「請讓我來為您洗衣服吧！」太子心想：「為了使將來的比丘們不會找他人代洗衣服，我應該親自洗衣服。」於是，祂謝絕帝釋天神。

衣服洗完之後，太子便入池中洗浴，天人紛紛散花，魔王波旬看到後，刻意把池岸變得非常深峻，想讓太子無法從池中上岸，這時，池邊大樹的樹神知道魔王故意作弄，便按樹枝使其降低，垂入池中，讓太子攀著樹枝上岸。太子洗浴後諸天神競相取池水回天宮供養，而池中水族因飲用此浴身之水，乃得生天。這是太子菩薩為了度脫水族眾生而示現了澡浴。

◀佛陀從座起身，拾起一糞掃衣，天神想為太子洗衣，但祂不受服侍，親自洗衣作為未來比丘的典範。佛陀更入河沐浴，度化了水中眾生。

禪河澡浴[1]

莊嚴經云。爾時菩薩復作是念。六年勤苦。衣服弊壞。於尸陀林下。見有破糞掃衣。將欲取之。於時地神。告虛空神言。釋種太子捨輪王位。拾是所棄糞掃之衣。虛空之神聞已。告三十三天。乃至傳聞阿迦尼吒天。菩薩手持糞掃之衣。作如是言。何處有水。洗浣是衣。有一天神。以手指地。遂成一池。又念何處有石浣衣。時天帝釋。即以方石。安處池畔。菩薩見石。遂洗浣衣。帝釋白言。我當為菩薩洗浣此衣。惟願聽許。菩薩欲使將來諸比丘眾。不令他人洗浣衣故。不與帝釋洗浣。即便自洗浣衣已訖。入池澡浴。是時魔王波旬。變其池岸。極令高峻。池邊有樹。名阿斯那。是時樹神。按樹令低。菩薩攀枝得上河岸。菩薩澡浴之時。諸天散花遍滿河岸。菩薩浴竟。諸天競取此水。將還天宮。池中水族。飲其水已。得生天上。菩薩為利益故。度脫水族。示現澡浴。

原典註解

①**禪河**：尼連禪河，恆河支流，位於摩揭陀國伽耶城之東，相當於今比哈州，又作希連禪河、尼連禪那河、尼連然河、泥連河等，意譯作不樂著河。為恆河之支流，位於中印度摩揭陀國伽耶城之東方，由南向北流。該河發源於孟加拉哈札里巴（Hazaribagh）地方的西美利亞，流至佛陀伽耶北方，與莫罕那河相會後流入巴特拿的東方，注入恆河。《方廣大莊嚴經》〈苦行品〉：「菩薩出伽耶山已，次第巡行至優樓頻螺池側東面，而視見尼連河，其水清冷湍洄皎潔，涯岸平正林木扶疏，種種花果鮮榮可愛，河邊村邑處處豐饒，棟宇相接，人民殷盛。」佛陀於此河岸之菩提樹下成道，故此河沿岸相關遺蹟頗多。

天人獻衣

太子把撿到的糞掃衣拿到尼連禪河洗淨曬乾，澡浴後，便坐在河邊樹下，把衣服布料縫衲起來。

這時淨居天有一無垢光天神，將沙門袈裟供養給太子，太子也接受祂的供養，從此太子每天披著入村乞食。某天，土地神告訴善生女：「有一大修行人將入村乞食，機緣難得，你趕快準備一些美食供養祂。」善生女即請太子來至居所，將金缽盛滿了乳糜供養祂。

太子接受她的供養後，又回到河邊，這時河中有一龍妃，從水中浮現，手中持著莊嚴微妙寶座，請太子上坐。太子便坐寶座上，食用善生女所供的乳糜，完全飽食之後，身體又恢復了過去的情況，便把金缽擲入河中。龍王非常歡喜，收取金缽，拿回龍宮供養，不過釋提桓因變為金翅鳥，奪走龍王金缽，帶到天宮起塔供養。這時太子從座而起，龍妃也把寶座持回宮中起塔供養。

太子因具福德力故，自從吃了乳糜之後，呈三十二相、八十種好，以及身上圓光更加顯耀。於是太子心持正念，走到菩提道場，求取正覺。

◀佛陀洗浴之後，淨居天子獻給佛陀袈裟，善生女供養佛陀乳糜，龍妃則奉上寶座。

天人獻衣

天人獻衣

莊嚴經云。爾時太子至尼連河洗浣故衣。入水浴已。河邊有一大樹。於彼樹下自納故衣。時淨居天子。名無垢光。將沙門應量袈裟[1]。供養菩薩。於是菩薩即受著之。時聚落神。告善生女。汝宜營辦美食。供養菩薩。時善生女即以金鉢。滿盛乳糜。持以奉獻。菩薩受之。時河中有一龍妃。名尼連茶耶。從地湧出。手執莊嚴微妙寶座。奉獻菩薩。菩薩受已。即坐其上。取彼善生女。所獻乳糜。如意飽食淨盡無餘。菩薩食於乳糜。身體相好。平復如本。即以金鉢擲致河中。是時龍王。生大歡喜。收取金鉢。宮中供養。時釋提桓因。即變其形。為金翅鳥。從彼龍王奪取金鉢。將還本宮起塔供養。爾時菩薩。從座而起。龍妃還持所獻床座。歸於本宮起塔供養。菩薩由福慧力故。食乳糜已。三十二相。八十種好。圓光一尋。轉增赫奕。菩薩正念。詣菩提場。而取正覺。

原典註解

①**袈裟**：音譯作袈裟野、迦邏沙曳、迦沙、加沙。指佛教僧眾身上所穿法衣，原義為濁，意譯作壞色、不正色、赤色、染色或雜色等，乃因袈裟避青黃赤白黑之五正色，而採不正之色染壞之，故袈裟又名壞色衣。有三種之壞色，即青壞色、黑壞色、木蘭壞色，此三種壞色為如法的袈裟色。這是為了避免比丘對所著之衣生起欲染心，而制定僧衣應染壞色，如此以三種壞色為衣，不起貪心，又稱離塵服；入道者被此服，煩惱摺落，故稱消瘦衣。

至於袈裟製法，先分割截切，而後縫綴，目的是不能販賣貿易或轉移他用，令弟子等捨棄對衣服之執著，及盜人去除竊奪之念。又一一分截豎條、橫堤等，其後連綴，使袈裟之條相與世俗田疇相等，以示田相，故袈裟又稱福田衣，因供養僧眾能獲大功德，稱僧眾為世之福田，能生功德故。

詣菩提場

悉達多太子保持正念來到菩提樹下，風神、雨神已把周圍整理得既清淨又莊嚴，這時太子身體大放無量光明，震動了無邊剎土。無量諸天都奏起微妙天樂，天女遍灑香花覆地，就在這時，出現稀有的吉祥瑞相。

因為已經知道太子將來菩提場，前晚大梵天王就向諸梵天人宣布：「太子將於今日以精進與堅固的智慧成就菩薩行願，通達波羅蜜法門。將在菩薩地得到大自在，安住於如來秘密之藏。超越任何魔境，一切善法都能自覺圓滿，不由他人而得覺悟，因為諸如來大神通力的護念，祂將為一切眾生說解脫道。祂有如是等無量無邊功德，能在此菩提場伏眾魔怨，成就無上正等正覺，圓滿十力、四無所畏、十八不共法，轉正法輪，作大獅子吼，施大法雨，能滿足一切眾生，使其得清淨法眼，能讓外道止息棄邪知邪見的爭論。為了使原本的發願能圓滿，於一切法得大自在，無論處於任何境遇，不為世間八法（利、衰、毀、譽、稱、譏、苦、樂）所染，猶如蓮花出淤泥而不染。」

◀無量諸天奏微妙天樂，天女遍灑香花，大梵天王宣說：「太子將成就無上正等正覺，轉正法輪，作大獅子吼，施大法雨，度一切眾生。」

詣菩提場

莊嚴經云。菩薩正念向菩提樹時。有主風雨神。周遍掃灑。盡令嚴淨。菩薩身放無量光明。普遍震動。無邊刹土。復有無量諸天。奏天妙樂。雨眾天花。遍覆其地。無量稀有吉祥瑞相。菩薩將欲向菩提樹。其夜大梵天王。告諸梵眾言。當知菩薩。被精進甲。智慧堅固。成就菩薩之行。通達波羅蜜門。於菩薩地。得大自在。住於如來秘密之藏。超諸魔境。一切善法。皆能自覺。不由他人而得覺悟。為諸如來。大神通力之所護念。當為眾生。說解脫道。菩薩以如是等。無量功德。詣菩提場。為欲降伏眾魔怨故。成阿耨多羅三藐三菩提。欲圓滿十力❶。四無所畏。十八不共法❷。轉正法輪故。為欲作大師子吼。施大法雨。令諸眾生。得滿足故。令諸眾生。得清淨法眼。令諸外道。息諍論故。欲使本願。得圓滿故。於一切法。得自在故。不為世間八法所染。猶如蓮花。不著於水。

原典註解

①**十力**：佛所具足的十種智力，又稱如來十力，此謂如來所證得實相之智慧，能瞭達一切，無能壞、無能勝，故稱為力。十力略說如下：

一、處非處智力：如來能如實知此等合理或非合理的一切道理。

二、業異熟智力：如來能如實知眾生過去、現在、未來三世業報因果關係。

三、禪定解脫三昧淨垢分別智力：如來能如實知禪定次第淺深。

四、根上下智力：如來能如實知眾生根機優劣差別。

五、種種勝解智力：如來能如實知眾生樂欲勝解。

六、種種界智力：如來能如實知眾生之種姓與及其行為等。

七、遍趣行智力：如來能了知人天諸趣的道行因果。

八、宿命智力：如來能知過去世種種事。

九、死生智力：如來以天眼而知眾生死生時及未來投生之善惡趣等。

十、漏盡智力：如來知自已諸漏悉盡，又如實知他人斷除煩惱與否。

②**十八不共法**：指佛的十八種功德法，因惟佛獨有，不與三乘共有，故云不共，即：身無失、口無失、念無失、無異想、無不定心、無不知已捨、欲無減、精進無減、念無減、慧無減、解脫無減、解脫知見無減、一切身業隨智慧行、一切口業隨智慧行、一切意業隨智慧行、智慧知過去世無礙、智慧知未來世無礙、智慧知現在世無礙。

天人獻草

當時悉達多太子內心自語：我此刻到菩提場，應該坐怎麼樣的座位呢？

這時，淨居天神告訴祂說：「聖者，過去諸佛都是坐在吉祥草座上而取得正等正覺的。」

悉達多太子心想：那誰能給我這吉祥草呢？於是帝釋天神便化身為一個割草人，在離太子不遠的地方，割著翠碧綠草，色澤如孔雀毛，柔軟滑澤；用手觸摸，就好像微細輕柔色妙清香的絲綢衣。

太子看見那割草人割著這樣的草，就慢慢地走到他身邊問道：「請問這位仁者，該如何稱呼您呢？」割草人回答：「我叫吉祥。」太子一聽，心大歡喜，心想：我正想求吉祥草，而他的名字就叫吉祥，吉祥就在我面前，我這次一定要證阿耨多羅三藐三菩提。

就這樣，祂很高興地對割草人說：「仁者，您能送我一些吉祥草嗎？」割草人回答：「當然可以！」他馬上割草獻給太子，那草極為淨妙，太子取了一把，握持吉祥草時，大地發生六種震動，太子安詳徐步來到了菩提樹下，鋪好草座，一心求取正覺以利益度化一切眾生。

◀ 帝釋天神化身為割草人，向佛陀獻「吉祥草」，以為草座之具，此草可去諸惡蟲，去煩惱不淨，障礙不生等諸利益。

天人獻草

本行經云。菩薩念言。我今至此菩提場欲作何座。時淨居天白言。大聖仁者。過去諸佛。皆坐草座而取正覺。菩薩思惟。誰能與我如是之草。帝釋天即化其身。為刈草人。不近不遠右邊而立。刈取於草。其草青綠。顏色猶如孔雀項毛。柔軟滑澤。而手觸時。猶如微細迦尸迦衣。色妙清香。菩薩見於彼人。刈如是草。漸至人邊。寬緩問言。仁者。汝何名字。其人答言。我名吉祥。菩薩聞已。心大歡喜。如是思惟。我今欲求吉祥[1]。他人吉祥以名。吉祥在於我前。我今決當得證阿耨多羅三藐三菩提。如是思惟。出妙音聲。復語刈草之人。仁者。汝能與我草否。彼人答言。我能與之。即便刈草以奉菩薩。其草淨妙。菩薩即取彼草一把。手自執持。當時菩薩取草之時。其地六種震動。當是時菩薩將此草。安詳徐步。向於菩提樹下。以為草座。而取正覺。利益眾生。悉皆得度。

原典註解

①**吉祥**：指吉祥草，屬禾本科茅類，生於濕地或水田中，其狀類茅，一年或多年生草本，長約六十餘公分，入藥具有潤肺止咳，祛風等作用，音譯姑奢、矩尸、俱舒、固沙等，意譯作上茅、香茅、吉祥茅、茆草、犧牲草等。產地分布於印度、緬甸、非洲等地。印度自古視此草為神聖象徵，是宗教儀式不可缺少之物，許多諸儀式中編草成蓆，上置供物，修行者亦往往以之為坐臥之具。

據《大日經疏》：「西方持誦者，多用吉祥茅為藉也。此有多利益，一者以如來成道時所坐故，一切世間以為吉祥，故持誦者藉之，障不生也。又諸毒蟲等，若敷此者皆不得至其所也。」《天台名目類聚鈔》指出吉祥草的茅草頭似劍，魔王見之，劍上坐思成怖畏，取此草名智劍草，又云此草敷精舍，去不淨，七尺也，佛為去煩惱不淨用之也，又此草吸物熱，仍以空觀草，吸煩惱熱事之表徵。

龍王讚歎

悉達多太子拿著天人所獻的吉祥草，走向菩提場時，空中有白鶴、孔雀、迦陵、頻伽、共命等鳥各五百數，在太子頂上，跟隨著祂飛翔。又有五百天子、天女，拿著寶瓶，散著香花，圍繞著太子。

太子行步時，大地震動，那時迦荼龍王正在睡眠中，忽然被震動之聲驚醒了，這龍王壽命極長，經歷了過去無數劫的諸佛。龍王發現大地搖動，即走出龍宮，看看發生了什麼事。見不遠處，有一人安詳而行，並且見到種種瑞相，龍王預知這位太子菩薩與過去諸大菩薩發心走向菩提樹時的情況一樣，因此判定這位菩薩將證無上正等正覺，於是生大歡喜。

這時黑色龍王有一龍妃名金光，帶領眾龍女，拿著妙香花、雜色衣服、寶幢幡蓋等種種珍寶，奉上供養，她們齊聲妙音，歌詠讚歎，合十指掌在菩薩前頂禮。太子對龍王說：「善哉！龍王，正如你所說，我今必成無上正等正覺，廣度眾生。」

◀太子走向菩提場，大地震動，睡眠中的龍王驚醒，見景象同過去諸佛成道相，因而預知太子將證無上正等正覺，於是與諸龍女執香花寶幢供養。

龍王讚歎[1]

本行經云。菩薩持草行時。空中忽有青雀。拘翅羅鳥。孔雀。白鶴。迦陵。頻伽。共命之鳥。數各五百。右繞隨飛。復有天子。天女。亦各五百。各執寶瓶。散諸香花。圍繞而行。其地搖動。彼地有一龍王。名曰迦茶。其龍長壽。經歷劫數。曾見往昔諸佛經過。又龍日月晝夜甚長。睡眠未久。見大地動。復聞震聲。即便驚寤。從自宮殿。即出觀看。見自居處不遠。有一菩薩。安詳而行。龍王見其菩薩。預知先瑞。猶如過去諸大菩薩。發心欲向菩提樹下。一種無異。見是相已。更無疑心。決定知此菩薩。當證阿耨多羅三藐三菩提。爾時黑色龍王。有一龍妃。名曰金光。與諸龍女等各執諸妙香花。雜色衣服。寶幢幡蓋。種種珍寶。奉上供養。作諸天樂。其聲微妙。歌詠讚歎。合十指掌。在菩薩前。頭面頂禮。菩薩語龍王言。如汝所說。我今必成阿耨多羅三藐三菩提。廣度眾生。

原典註解

①**龍**：音譯那伽、曩哦，為八部眾之一，住於水中之蛇形鬼類或屬畜生趣，具有神力，亦為守護佛法之類。

龍中威德特勝者，稱為龍王或龍神，《正法念處經》云有兩種龍王，即法行龍王、非法行龍王，「法行龍王」有七頭、如象面，由於瞋恚之心薄，能憶念福德，隨順法行，故不受熱沙之苦，且以善心依時降雨，令世間五穀成熟；「非法行龍王」則不順法行，行不善法，不孝父母，不敬沙門及婆羅門，故常受熱沙燒身之苦，於閻浮提，起惡雲雨、惡風災雹，悉令五穀散壞不收。

又說投生於彼處業緣為受諸外道世間邪戒，行於布施而不清淨，《佛說罵意經》指出墮龍中有四因緣：多布施，多瞋恚，輕易人，自貢高坐。經典中有關龍之故事甚多，《佛說因緣僧護經》載一大海龍王初發信心，變為人形，求欲出家，然於睡眠中不能隱形而現龍身，比丘們大驚，佛陀遂請龍王回宮，龍於初生、臨終、交媾、瞋怒、睡眠等時，必為本形，無法化為異類之身。此外，《金光明最勝王經》載有七龍王，《法華經》載有八龍王，《華嚴經》載有十龍王，此外還有八十一和一百八十五龍王等說法。

坐菩提座

當悉達多太子走向菩提道場，有無量菩薩和天人，把菩提樹裝飾得極為莊嚴。菩提樹高達百億由旬，由七寶所成，寶有八萬四千數，樹下閃耀著種種顏色，鋪設獅子座，他們都希望悉達多太子能坐在自己所裝飾的菩提樹下成正覺。

這時，悉達多太子隨意在一菩提樹下，取了吉祥草，在周遍鋪好，祂如獅子王的氣勢，精進堅固，沒有任何過失。祂如此尊貴而自在，以圓滿智慧來覺悟，能降伏眾魔與外道。祂具足種種功德，將證菩提，於是面向東方，於淨草之上，結跏趺坐，然後端身正念，發大誓言說：「我今如果不證無上大菩提，寧可粉身碎骨，終不起座。」

悉達多太子升上菩提座時，當下即證方廣神通遊戲首楞嚴大定。證得此定後，祂能分身無數，各個坐在所有菩提樹下的獅子座，身上皆具妙相莊嚴，所有菩薩與天人皆大歡喜。又由祂的定力讓地獄、餓鬼、閻羅王界及諸人天，都能看見菩提座，這時祂放大光明，遍照了十方諸佛剎土。

◀佛陀於菩提座發大誓言：我今若不證得無上大菩提，寧可碎身，終不起此座。此金剛座位於今「菩提伽耶」大覺塔西側。

坐菩提座

莊嚴經云。爾時菩薩向菩提場[1]時。無量菩薩並諸天眾。各各莊飾菩提之樹。其菩提樹。高顯殊特。百億由旬。七寶所成。有八萬四千。一一皆願菩薩坐其樹下。得成正覺。一一樹下。各隨色類。數獅子座。悉以眾寶莊嚴。爾時菩薩。示現取草。周遍數設。如師子王。具足勢力。精進堅固。無諸過失。尊貴自在。智慧覺悟。有大名稱。降伏眾魔。摧諸外道。具足如是種種功德。將證菩提。而面向東。於淨草上。結跏趺坐。端身正念。發大誓言。我今若不證得無上大菩提。寧可碎是身。終不起此座。爾時菩薩。升菩提座。即證方廣神通遊戲首楞嚴定。得是定已。現身各各坐彼獅子之座。一一身上。皆具眾妙相好莊嚴。其餘菩薩並諸天人。各各皆謂。菩薩獨坐其座。由定力故。能令地獄餓鬼閻羅王界。及諸人天。皆見菩薩坐菩提座。菩薩放大光明。遍照十方諸佛剎土。

原典註解

①**菩提場**：即指菩提伽耶，梵語 Buddha-gay ，又稱佛陀伽耶，為釋迦牟尼的證悟成佛之處，位於今印度比哈爾邦巴特那（Patna）城南，約一百五十公里處，目前為佛教四大聖地之一，菩提伽耶的摩訶菩提寺，又稱大覺塔，金剛寶座塔主塔形如金字塔，高約五十公尺，底部邊長各十五公尺之四方形臺，逐漸收縮，頂部立一銅製螺旋形圓頂，此建築於二〇〇二年被列為世界遺產。塔的西側是著名的大菩提樹，佛陀即在此樹下得道，佛滅度後約二百年，阿育王即位之初，崇信邪道，欲砍伐菩提樹，枝幹被砍伐殆盡，但不久仍新芽繁茂，王後來有所悔悟而築十餘尺高之石欄，環繞圍護，但原樹已在一八七〇年被大風颳倒，現為原樹的繁衍。樹下立有紅砂石板金剛座，指示佛陀成道處，金剛座現為一石刻高座，長二點三公尺，寬一點二公尺，高零點九公尺。

魔王驚夢

釋迦牟尼佛從眉間白毫放大光明，遍照魔王宮殿，遮蔽了諸魔之光。

魔王波旬在睡眠中，連續作三十二種惡夢，夢中見魔宮震動，忽然失火，牆壁坍塌為瓦礫，塵土紛亂，穢惡充滿，象馬倒死，鳥類羽毛脫落，池泉都乾涸，樹木摧折，他感到身體寒熱，面貌削瘦蒼黃，咽喉乾燥，喘息不停。又見自身頭上天冠墮落，身上衣裳垢膩，魔主號哭，魔子嚎叫，魔女啼泣，魔民四處逃散，魔軍憂惱不安等等。

魔王夢醒後極度恐懼不安，立刻召集所有的魔宮親眷屬，告訴他們所夢之事，最後說：「根據我夢中所見情形來看，我應該會失去魔宮，將來將有大福德之人來生此處替代我的位置。」便召來所有魔兵魔將，對他們說：「現在有一位釋迦種姓太子，獨自坐菩提樹下，祂將證得菩提佛果。我們共同到祂所在的地方去破壞，阻擋祂勇猛之心，不要讓祂取證菩提。」

◀釋迦牟尼佛於菩提金剛座放大光明，魔宮因而震動失火，風雲變色，魔王從夢中驚醒，遂生壞佛成道之惡念。

魔王驚夢[1]

本行經云。爾時菩薩。從於眉間放白毫光。遍照魔王宮殿。翳彼諸魔之光。魔王波旬。於睡眠中。得三十二種惡夢。夢見宮殿震動。忽然失火。牆壁頹落。盡為瓦礫。塵土坌亂。穢惡充滿。象馬倒死。鳥羽毻落。泉水枯乾。樹木摧折。身體寒熱。面貌痿黃。咽喉乾燥。喘息不停。衣裳垢膩。天冠墮落。天主號哭。魔軍憂惱。魔子大叫。魔民逃散。刀仗損失。樂器破壞。左右遠離。朋友仇怨。天女赤露。諸女啼哭。心緒昏亂。恐怖不樂。仙言不吉。神唱不祥。諸方馳走。無處自在。魔王得是不祥之夢。內懷恐懼。心意不安。普喚至一切諸魔眷屬。皆令集聚。向說夜夢。所見之事。我應不久。必失此處。恐畏更有大福德人。來生此處。即召地居諸天。諸魔兵眾。諸龍夜叉八部等眾。而勅之言。今有釋迦種姓之子。欲取菩提。我等相共。至於彼處。斷其如此勇猛之心。勿令取證菩提。

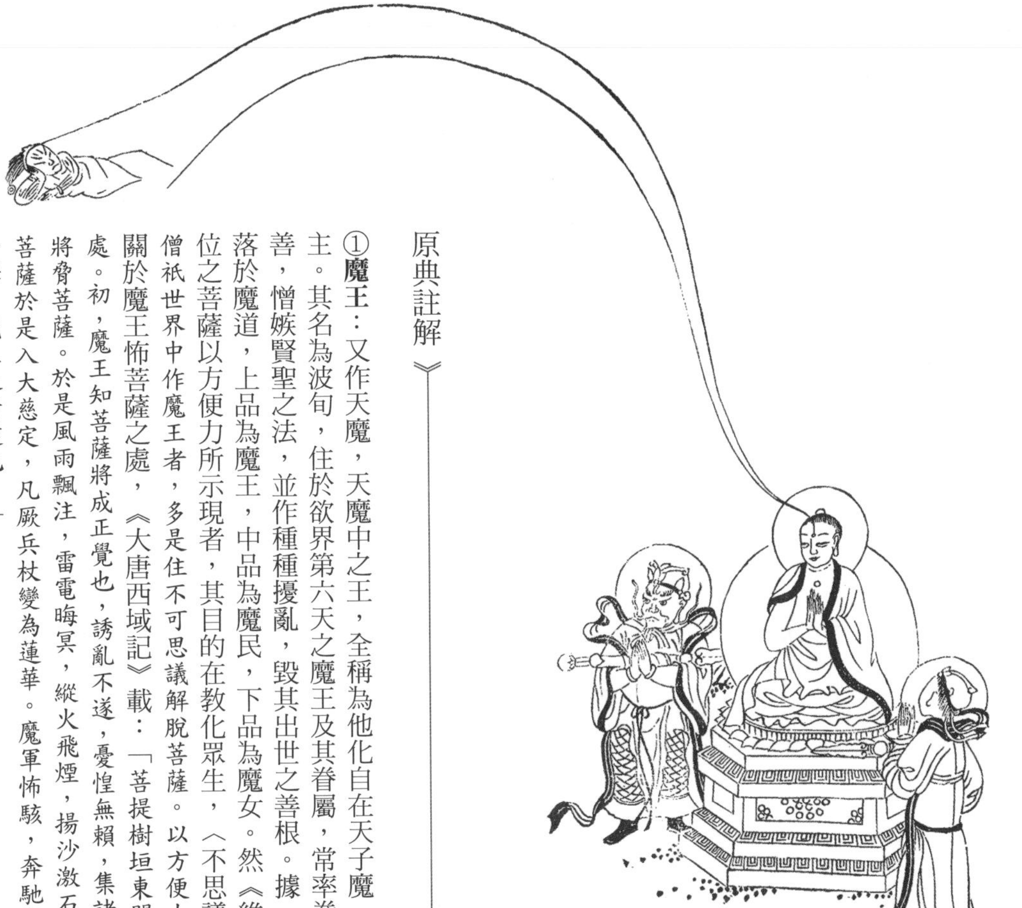

原典註解

①**魔王**：又作天魔，天魔中之王，全稱為他化自在天子魔，即欲界第六天之他化自在天主。其名為波旬，住於欲界第六天之魔王及其眷屬，常率眷屬阻礙修持者，妨礙人之勝善，憎嫉賢聖之法，並作種種擾亂，毀其出世之善根。據《楞嚴經》載，若不斷淫，必落於魔道，上品為魔王，中品為魔民，下品為魔女。然《維摩詰所說經》認為魔王為深位之菩薩以方便力所示現者，其目的在教化眾生，〈不思議品〉：「仁者！十方無量阿僧祇世界中作魔王者，多是住不可思議解脫菩薩。以方便力教化眾生，現作魔王。」關於魔王怖菩薩之處，《大唐西域記》載：「菩提樹垣東門側有窣堵波，魔王怖菩薩之處。初，魔王知菩薩將成正覺也，誘亂不遂，憂惶無賴，集諸神眾，齊整魔軍，治兵振旅，將脅菩薩。於是風雨飄注，雷電晦冥，縱火飛煙，揚沙激石，備矛楯之具，極弦矢之用。菩薩於是入大慈定，凡厥兵杖變為蓮華。魔軍怖駭，奔馳退散。其側不遠有二窣堵波，帝釋、梵王之所建也。」

魔子諫父

魔王召集了魔兵魔將過去擾亂悉達多太子的菩提道場，但魔王的長子商主上前勸諫：「父王，您千萬要三思，如果您要與悉達多太子結怨仇，恐怕將來您會後悔莫及的。」

魔王斥責他：「咄！你這懵懂小子懂得了什麼？你難道還不知道我的神通變化和威力嗎？」

商主說：「我當然知道您的神通威力，但比起悉達多的廣大神通與福德威力，您可就望塵莫及，您既然不聽我的勸阻，後果到時候便會知道。」

魔王已是惱怒，聽不進去兒子的勸告，便立刻召集四大精銳兵隊，數百千萬億的象兵、馬兵、車兵、步兵，個個面目猙獰可畏，各持種種弓箭刀劍等兵器，魔王親自率領，向菩提場進軍。他們遙遠就看見菩薩穩穩地坐在獅子座，沒有任何的驚怖，沒有任何的動搖，身體猶如金山放大光明，祂的威德使得魔軍們都退散。

魔王見部隊不戰而慄，自己也感到恐懼，但他依然驕慢，不肯撤退，於是發號師令：「祂有什麼厲害，你們有什麼好怕的，全部都不准脫逃。我要來測試看看祂的心，讓我想想有什麼詭計可以破祂的道心，使祂離菩提樹，我絕對不讓祂在這菩提樹下成就正等正覺。」

◀魔子商主力勸魔王止戰而無功，之後魔王率領百千萬億魔軍，壞佛成道。所謂魔軍者，乃欲貪、愛著、驚怖恐畏、瞋恚忿怒、愚癡無知等煩惱。

魔子諫父

魔子諫父

本行經云。爾時魔王。長子商主。白父王言。而今父王。欲共悉達菩薩而作怨仇。唯恐後時悔無所及。魔王告子。咄汝小兒。愚暗淺短。未曾知我變化神通。未曾睹我自在威力。商主答父言。兒非不知父王神通威力。但父王而不知。悉達菩薩。廣大神通。福德威力。然則父王至於彼邊。應當自見。魔王波旬。不取其子之言。即召四種兵眾。所謂象兵。馬兵。車兵。步兵。百千萬億。天神鬼兵。形容可畏。皆執弓箭。刀劍器仗。擎山持杵。作大威猛。魔王率領。向菩提樹下。魔王軍眾❶。遙見菩薩坐獅子座。不驚不怖。不搖不動。身體赫奕。猶如金山。放大光明。不可譬喻。魔王軍眾。悉皆退散。魔王見已。心大恐怖。猶懷我慢。不肯回還。復告軍眾。莫驚莫怖。莫畏莫走。此乃是我試彼心看。我今美言。更慰喻彼。看其起離菩提樹下。不令在此菩提樹下成正覺也。

原典註解

①**魔王軍眾**：以軍來譬喻魔眾之勢力，故稱魔軍。魔，梵語魔羅，意譯為殺者、障礙。佛陀成道之際，魔王及其眷屬作種種障礙，《普曜經》、《方廣大莊嚴經》載，魔王妨礙佛陀成道，魔王千子之中，有皈依佛陀之五百子與妨礙成道之五百子相爭。降魔之故事，在《佛本行集經》卷二十九、《過去現在因果經》卷三、《佛所行讚》卷三等皆有記載。

《佛本行集經》視煩惱為魔軍，謂魔波旬有十二種魔軍：「汝軍第一是欲貪，第二名為不歡喜，第三飢渴寒熱等，愛著是名第四軍，第五即彼睡及眠，驚怖恐畏是第六，第七是於狐疑惑，瞋恚忿怒第八軍，競利及爭名第九，愚癡無知是第十，自譽矜高第十一，十二恒常毀他人。」後期經論亦有此說，如《大智度論》舉說欲、憂愁、飢渴、愛、眠睡、怖畏、疑、含毒、虛妄之名聞利養、自高慢他等十軍。皆以種種煩惱譬喻為魔之軍勢，降伏彼等而成道。從這幾種魔軍的命名，可以知道所謂的魔，也來自我們內在心理的種種煩惱。

魔女妶媚

魔王波旬不聽長子商主的規勸，但又沒把握能勝得了悉達多太子，心想：可有什麼方法擊敗祂呢？他突然靈機一動，對了，自古英雄難過美人關，女色的誘惑力是再厲害不過的，於是召集魔女們，對她們說：「你們好好裝扮一下，待會到釋迦牟尼佛那裡，試著觀察祂的心是否還有情欲。」

魔女們就依著魔王的命令來到佛陀面前，搔首弄姿，使盡種種令男人神魂顛倒的妖媚之術，又散香花於悉達多太子身上，窮盡五欲引誘之事。但她們觀察佛陀的面容和心情，只見悉達多太子泰然自若，深入寂靜禪定，祂身心清淨，無濁無垢，猶如蓮花從水而出不染污泥；祂的意志堅定如須彌山，善於收攝諸根、調伏心意的功夫。

魔女們見太子絲毫不為所動，內心感到慚愧羞恥，但她們是被派來的試探佛陀的，只好再運用其他幻惑之法，身子作出更加嬌媚的姿態，發出美妙音聲，試著再迷惑祂。

太子見這些魔女這般折騰，也頗為同情，就對她們說：「你們是因為前生修福，今世才能得此天身，但是世間一切都是無常的，別以為現在貌美，轉眼之間就要凋零老去了。你們雖暫時擁有美好的形體，卻心術不正，用來媚惑人心，這非清淨身，只是個臭穢皮囊，有什麼好眷戀呢？」太子說完，用手輕輕一指，那些魔女馬上變成了老太婆，身體發胖，滿臉皺紋，獻出醜態，無法回復原本的樣子。

◀魔王波旬派魔女以種種五欲試探，擾佛清修，佛陀則觀身不淨，全身諸蟲千萬惡遍身滿，生老病死，無常相隨。

魔女妶媚❶

本行經云。魔王波旬。不取長子商主諮諫。告諸女言。汝等諸女。宜至彼釋種子邊。試觀其心。有欲情否。其諸魔女。聽王勅已。相與安詳。向菩薩所。於菩薩前。示現種種婦女媚惑諂曲之事。復將香花散菩薩上。復以種種五欲之事。勸請菩薩。觀看其面。觀其心情。為有欲心恣態。魔女見於菩薩。深心寂定。本來清淨。無濁無垢。面目清淨。猶如蓮花。從水中出。而不染著。如須彌山。善攝諸根。調伏心意。彼等既見菩薩如是。皆生慚愧羞恥之心。諸魔女等。善解女人幻惑之法。更加情態。益顯嬌姿。莊嚴其身。示現美妙音辭。巧便來媚。菩薩答言。汝宿命有福。受得天身。不念無常。而作妖媚。形體雖好。而心不正。汝輩故來亂人善意。非清淨種。革囊盛穢。汝來何為。去。吾不用。今阿母等。不安天上。何為橫來。佛指魔女。變成老母。髮白面皺。不能自復。

原典註解

①**魔女**：《過去現在因果經》載，魔王有三位容貌美麗的女兒，三人的名字一名欲染，一名能悅，一名可愛樂。她們能以一切方法誘惑他人，三位女兒見父王憂愁面容，便來詢問理由。魔王告訴三個女兒：「悉達多太子慨歎人生無常，為救度眾生出家，祂身披法衣，執著自在無我之弓，拿著金剛大智慧的箭，企圖要降伏眾生，就如同破壞我們的世界，一切眾生將皈依於祂，我的世界將成一無所有，我們的世界即被祂破壞！現在能夠挽救的方法，就是在祂尚還真正的正悟之前，毀壞祂堅固的志願，斷折祂悟道的橋樑，以五欲的弓，再把祂趕進愛欲的漩渦之中！」三個魔女也深為父王不平。魔王即刻帶領眾多的男女眷屬向菩提樹下而來。但太子坐於菩提樹下、金剛座上，寂靜的心像湛然不動的清水，觀照著諸法的實相，沒有其他的念頭。

另據《普曜經》卷六〈降魔品〉載，佛陀將成道時，魔王波旬曾遣派欲妃、悅彼、快觀、見從等四女前來擾亂，在菩薩面前，以三十二姿態魅惑。

魔軍拒戰

魔王見魔女們狼狽而回，知道用五欲來誑惑悉達多太子是沒有用的，心想何不用一些花言巧語來騙騙祂，也許可讓祂上當。於是，魔王變了另一個慈善的臉孔來到佛陀面前，他輕柔軟語地說：「這位仁兄，我看你相貌端正，福德具足，應該留在皇宮中繼承王位，將來統領天下，多有威勢呀！為何剃髮來作沙門，又受了這麼多苦，真是委屈了！如今又這麼多人要對付你，你看，兵刀相見，殺氣騰騰，這是你從來就沒見過的，實在恐怖！我看你就別和這些惡人結怨了，這些人貪瞋癡業障深重，你還是走為上策，快離開這裡吧。」

魔王一邊說一邊察看悉達多的神色，只見悉達多太子神態安然，不為所動，也沒有移開座位。祂對魔王說：「我今在此結跏趺坐，有如金剛牢固，任憑你怎麼說，都難破壞我的道心。」

魔王聽了，馬上被激怒，恢復原本凶惡面容，怒斥著悉達多太子：「你真是敬酒不喝要喝罰酒，我可是好意勸你，難道你沒看見我率領這千軍萬馬，個個驍勇善戰，刀槍劍棒種種兵器，無不精通；還有專食人肉的夜叉鬼怪，以及毒龍猛獸乘著大黑雲，放出閃電雷雹。看！我的魔軍陣容是多麼強大啊！」魔王拿起了利劍，指向悉達多太子：「我如果劍一揮，你的身體馬上會被截成兩段，你信不信？」

太子說：「魔王波旬呀！縱然你率領這些百千萬億的魔軍，就算個個都像你，威力無窮，全部圍攻，也無法動我一根寒毛的，又何況要割截我的身體，妨礙我的修行，障礙我證得無上正等正覺，魔王！你走吧，別在這裡擾亂，我若證不到菩提，我是不會離開此座，到別的樹下。」

◀太子說：「魔王波旬！縱然你率千軍萬馬的魔軍，也無法動我一根寒毛，又何況要割截我的身體，障礙我證得無上正等正覺，魔王，你走吧！」

魔軍拒戰

魔軍❶拒戰

本行經云。時魔王言。此人不可以五欲惑之。更設美言慰喻令去。仁。沙門釋子。自小來未見戰鬥。刀兵甚可怖畏。又仁。莫共他作怨仇。貪瞋癡業。仁宜速去。菩薩諦觀。確然不從。既不動身。亦不移坐。語魔王言。我今已坐。金剛牢固。結跏趺坐。甚難破壞。魔王聞已。發嗔恚言。率領四種兵眾。象馬步車。諸雜軍等。幡旗麾毒。羽蓋旌旆。多諸夜叉。悉食人肉。善解神射。各把靭弓。執持利箭。槊矛劍戟。刀棒金剛。鬥輪鐵鉞。種種諸仗。駕千萬億。象駝馬車。放大吼聲。虛空充塞。復有無量諸龍。各各皆乘。大黑雲隊。放閃電雹。雰霏亂下。時魔波旬。手執利劍。向菩薩言。截汝身體。菩薩答言。汝魔波旬。及諸軍眾百千萬億。悉如汝身。盡力來此。彼等皆不能動我一毛。況割身體。作我障礙。欲妨菩提。令我不得取阿耨多羅三藐三菩提。我終不起。離於此處。餘樹下坐。

原典註解

①**魔**：佛教的「魔」說，大致可分成內魔、外魔兩種，內魔是由自身產生的種種障礙，外魔則來自他身的障礙。「外魔」即「天子魔」、「魔王」，或其他的外在干擾魔。佛教「魔王」之說，可能源自古印度《梨俱吠陀》夜摩之思想而來，夜摩為死神，住於天界最遠之處，以「死」為使者而奪取人命，語意與「殺者」之魔有相同處，後有欲界六天之說，佛教將「魔王」置於第六他化自在天，為破壞正法之「天子魔」。

「內魔」即五蘊魔、煩惱魔、死魔。「五蘊魔」又稱五陰魔、身魔，由於色、受、想、行、識等五蘊，能生起種種苦惱，使有情眾生受種種障害，故稱之蘊魔；「煩惱魔」泛指一切惱害眾生身心的貪瞋癡等煩惱，論典歸納身中種種煩惱，如：欲愛、憂愁、飢渴、愛、睡眠、怖畏、疑、毒、名利、自高慢等，惱亂心神，障礙正道，遂失智慧之命，不能成就菩提；「死魔」謂人壽盡命終為魔也，蓋一期業報已畢，捨離現生之處，遂失智慧之命，死者即四大分散，夭喪殞沒也，修行之人為此夭喪，不能續延慧命，故稱死魔。

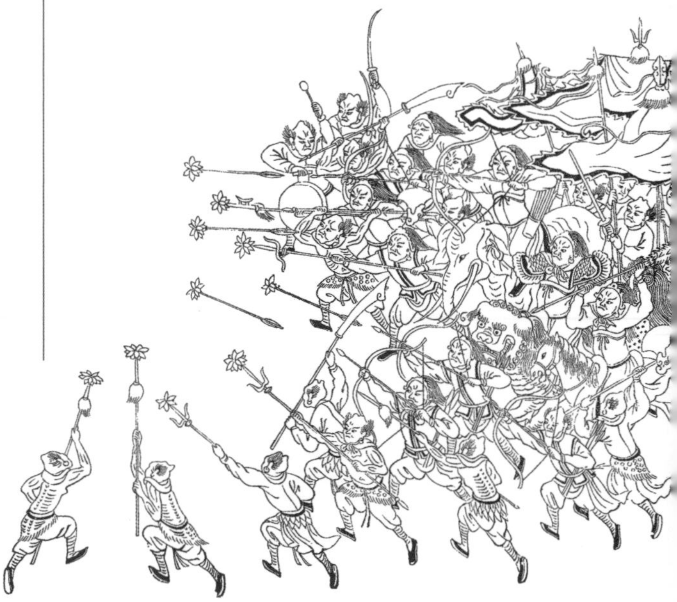

魔眾拽瓶

當釋迦牟尼佛在菩提樹下端坐時，惡魔波旬率領八十億魔軍來擾亂破壞，大聲叫嚷道：「悉達多太子！你為什麼孤身坐在這裡？趕快離開吧！你如果不離開，惹惱了我，我就捉住你的腳，把你丟到四海之外。」

佛陀說：「魔王！你別誑語，我看這個世間，沒有誰可以動得了我的。魔王！就讓我來告訴你，你只是前世曾經建造了一座寺，受過一天八關齋戒，布施過辟支佛一缽之食。因為這些善因，才生第六天為大魔王。而我已經於無量劫廣修功德，供養無量諸佛，又供養無數聲聞緣覺，這都是無法計算。魔王，你就別再自不量力了！」

魔王說：「你說我曾受一日八關齋戒，曾施辟支佛一食，我當然知道。但你自己所說功德，又有誰能為你作證呢？」太子以手指地說：「此大地之神可以作證。」

話才剛說完，大地六種震動，無量地神從地湧出，向太子頂禮，合掌說：「世尊！讓我來作證。自盤古天地以來，我數劫為地神，我為世尊證實所說真實不虛。」

太子對波旬說：「你信了嗎？如果還是不相信的話，你可以試試你是否有本領拿動我面前的淨瓶，然後，再看看能否把我擲出海外。」這時魔王集合八十億魔眾，用盡其力，卻完全不能移動淨瓶半寸，結果眾魔都退散了。

◀佛陀對波旬說：「你可以試試是否有本領拿我面前的淨瓶，再看看能否把我擲出海外。」這時魔王集合八十億魔眾，用盡其力，也無法移動淨瓶半寸。

魔眾拽瓶

魔眾拽瓶

雜寶藏經[1]云。爾時如來在菩提樹下。巍然端坐。惡魔波旬。將八十憶眾。欲來壞佛。至如來所。而作是言。悉達太子。汝獨一身。何能坐此。汝可起去。若不去者。我捉汝腳。擲著海外。佛言。我觀世間。無能擲我著海外者。佛言。波旬。汝於前身。但曾作一寺主。受一日八戒。布施辟支佛。一缽之食。故生六天。為大魔王。而我於阿僧祇劫。廣修功德。供養無量諸佛。亦復供養聲聞緣覺之人。不可計數。波旬言太子。汝道我昔一日持戒。施辟支佛食。信有真實。汝自道者。誰為證知。佛即以手指地言。此地證我。作是語時。一切大地六種震動。無量地神。從地湧出。頭面作禮。胡跪合掌。而白佛言。世尊。我為作證。如佛所說。真實不虛。佛語波旬。汝今先能動此淨瓶[2]。然後可能擲我。著於海外。時魔波旬及八十億眾。盡其神力。不能令動淨瓶。魔王軍眾。悉皆退散。

原典註解

①**雜寶藏經**：元魏吉迦夜與曇曜共譯，內容包括佛傳、本生、因緣，集錄關於佛陀與佛弟子，及佛陀入滅後之諸種事緣。其中有頗多史實記載及僧眾教化的資料。此外，還有印度民間故事、寓言故事等，主要以因緣譬喻闡示因果關係。

②**淨瓶**：即容水器具，為比丘十八物之一，《南海寄歸內法傳》將淨瓶的種類分為淨、觸兩種，這是將飲用水與洗手水分為「淨水」與「觸水」二瓶。在《千手千眼觀世音菩薩大悲心陀羅尼》中則為千手觀音四十手持物之一。

《雜寶藏經》〈佛在菩提樹下魔王波旬欲來惱佛緣〉的原典故後半還提到，佛陀與波旬過去世的因緣，過去在迦尸國的仙人山中，有一五通仙人，教化波羅㮈城中諸年少輩，皆度出家，使他們修仙道。當時城神，極大瞋忿，告訴仙人：「汝如果再入城，度化人，我就捉你的腳，擲到海外去。」那仙人就拿一澡瓶，對城神說：「你就先動此瓶，然後再來擲我吧！」城神盡其神力，也不能得動，慚愧而歸伏。那時仙人，即佛陀是也，城神，即波旬是也。

地神作證

當時悉達多太子以右手指地說：「此大地能生長一切萬物，是因為它沒有執著我相，沒有分別，對一切都是平等的。所以就讓大地來證明我剛才所說的話是真實的。」

這時地神即從地下忽然湧現，向佛陀恭敬合掌說：「您是世間的大丈夫！您在過去千萬億劫廣修功德，沒有差別的平等惠施一切眾生，我今就為您作證，您所說一切真實不虛。」地神才剛說完，頓時三千大千世界大地六種震動，聲音宏大，有十八種威震之力。

魔王軍眾都嚇得驚心膽戰，惶恐不安，知道已經無法相抗衡，全部退散。這時魔王的象馬部隊已潰不成軍，大象與戰馬都倒臥不起，車輛斷裂；步兵弓箭刀槍，從手中自然落地，堅固鎧甲也破碎損壞，他們棄兵器丟戰袍，狼狽逃竄，或是把臉覆蓋，在地上裝死，有的走投深山，有的鑽入地穴，各個慌亂迷失本性。

此刻魔王波旬聽見大地震動聲，心大恐怖，悶絕倒地，無法分辨東西。只聽到空中天兵天將齊聲喊：「不要輕易放了波旬，捉住他，一舉消滅。」魔王軍隊聞風喪膽，四處竄逃。

◀佛陀右手指地，請大地為祂作證，地神湧現，恭敬合掌而說：「我今為佛作證，一切真實不虛。」頓時大地六種震動，魔王魔軍聞風喪膽，四處竄逃。

地神作證[1]

本行經云。爾時菩薩。即以右手指於地言。此地能生一切物。無有相為平等行。此證明我終不虛。唯願現前真實說。是時地神。從於地下。忽然湧出。胡跪合掌。曲躬恭敬。向菩薩言。最大丈夫。我證明汝。我知於汝。往昔世時。千億萬劫。施無遮會。作是語已。其地遍及三千大千世界。六種震動[2]。猶如打鐘。震遍吼等。如前所說。具十八相。魔王軍眾。皆悉退散。勢屈不如。各各奔走。自然恐怖。不能安心。是時或象蹶倒。駝馬乏臥。或車腳折。弓箭刀槍。從於手中。自然落地。堅固鎧甲。破碎損壞。去離於身。爭競逃竄。或覆其面。踣地而眠。或走投山。或入地穴。皆失本心。時其波旬。聞大地聲。心大恐怖。悶絕躃地。不知東西。波旬唯聞空中。而作是言。悉令滅盡。莫放波旬。魔王軍中。競共奔走。

原典註解

①**地神作證**：「地神證明」典故，又見《觀佛三昧經》：「有王問佛：汝功德誰為證明？佛即垂無畏手指地：一切大地，六種震動，堅牢地神涌出，唱言我是證明。」《大日經義釋》：「菩薩爾時申右手指地說真實言：我本於此地上行菩薩道，種種難行苦行，地神證知。爾時無量地神由地涌出，現其半身作證明。魔王軍眾，由是退散。」《大唐西域記》所述亦同。

②**六種震動**：相有：動、起、涌三種形；震、吼、擊三種聲。六種中又各有三相，而成「十八種震動之相」。據《長阿含》〈遊行經〉所載，大地震動出現於六時：一、佛入胎時，二、出胎時，三、成道時，四、轉法輪時，五、由天魔勸請將捨性命時，六、入涅槃時。而當大地震動時，是表示祥瑞，如同小兒臥於搖籃中，不會感覺到籃動搖，只覺舒服，僅有天眼通的人能知，凡夫則毫不知情。又大地震動的八種因緣：一、地在水上，水止於風，風止於空，空中大風自起則大水擾，大水擾則普地震動。二、得道之比丘、比丘尼及大神尊天等，觀水性多，觀地性少，欲試神力則普地震動。三、菩薩由兜率天降神母胎，專念不亂則地為大動。四、菩薩始出母胎，從右脅生時普地震動。五、菩薩成無上正覺時，地大震動。六、佛初轉無上法輪時普地震動。七、佛之說教將畢，欲捨性命，則普地震動。八、如來於無餘涅槃界般涅槃時，地大震動。

魔子懺悔

魔王波旬的長子商主，知道父王一直在阻擾悉達多太子修證佛果，將造下極重的罪報，他急忙來到悉達多太子面前，頭頂禮太子的足，乞求懺悔說：「聖者太子，只願您能聽我為父親所作懺悔。由於我父凡愚無知，如同小孩一般缺少了智慧；他率領魔眾來惱亂您，命令他們用種種方法來使您恐懼退讓，實在太不自量力！我勸諫父王，太子累劫廣修功德，自在威力已不可思議！縱使有過人之智，能善用各種法術，也無法與悉達多太子抗衡的；更何況我等魔輩，邪不勝正，如同是以卵擊石。只是我父愚痴又自大，不識此理，也不聽勸告，偏要恐嚇驚怖太子，已經造下這罪孽，願太子您寬恕我父的無知，也祝願太子早日成就無上正等正覺！」

這時，大梵天王、釋提桓因以及無量天人，都看見太子降伏了諸魔，皆大歡喜，讚歎：「善哉菩薩！稀有難得！」這聲音遍滿了虛空，響徹雲霄，空中奏起了微妙天樂，以優美的歌聲來讚歎，又將天上的旃檀香和鮮花散於太子上方，而後合掌禮敬，齊聲說：「聖者一定會證得無上正等正覺！」

魔子商主看到無量天人一致護持，於是頂禮，讚歎而去。

◀魔軍潰散，魔王的長子商主來到佛陀面前，為父王擾亂佛陀成道之事，乞求懺悔，諸天神見太子已降伏諸魔，歡喜讚歎，遍滿虛空。

魔子懺悔❶

本行經云。魔王波旬。長子名曰商主。即以頭面禮菩薩足。乞求懺悔。白言大善聖子。願聽我父。髮露辭謝。凡愚淺短。猶如小兒。無有智慧。我今忽來惱亂聖子。將諸魔眾。現種種相。恐怖聖子。我於已前。曾諮父言。以中正心。雖有智人。善解諸術。我尚不能降伏於彼悉達太子。況復我等。但願聖子恕量我父。我父無智。不識道理。如是恐怖大聖王子。當何取生。大聖王子願仁所誓。早獲成就。速證阿耨多羅三藐三菩提。爾時大梵天王。釋提桓因。無量無邊。諸餘天等。遍滿虛空。咸見菩薩。降伏諸魔。及魔軍眾。皆大歡喜。以歡喜心。口唱是言。善哉稀有。其聲遍滿四方虛空。震聲響徹。作天伎樂。歌詠讚歎。復將諸天妙花。以天旃檀。細末之香。散菩薩上。合十指掌。頂禮菩薩。口作是言。今此聖者。必證阿耨多羅三藐三菩提。魔子商主。頂禮菩薩。讚歎而去。

原典註解

①**魔子懺悔**：魔王波旬之子商主來到佛前懺悔，他對繼承魔王波旬他化自在天的王位，完全無任何興趣，他毅然決然皈依於佛陀。佛涅槃前，商主跑到佛陀跟前問候，請求佛陀憐憫眾生安樂眾生救護世間，勿使眾無依無靠，也就是請佛陀住世，不要入涅槃，佛陀便告訴他：「商主，這是你的父親波旬請我入涅槃的。是這個因緣，我稱他的心意而入涅槃。」商主於是回答：「這魔王波旬已不是我父親，更不是我的善友。他常求殺害，已經是我的怨家、大惡知識。」佛陀讚歎商主對三寶的淨信心，便在涅槃前為他授記，《大悲經》〈商主品〉：「商主！汝今若於如來、應供、正遍知、無上法王所心生淨信，以淨信故，如來則當慰喻於汝、與汝福報。我今慰喻汝者，以汝佛所心生淨信、種善根故。如是應知，商主！汝當以此淨信善根於我滅後未來世中作辟支佛，名曰悲愍商主。」而在《商主天子所問經》，文殊師利則為商主等諸天，說諸菩薩入一切智、達一切法彼岸、六度等法；商主天子並請問佛陀「無生」之意，可見商主之善根深厚。

菩薩降魔

悉達多太子心想：這魔王波旬不聽勸諫，一意孤行，造種種罪孽卻不自知，因此對魔王波旬說：

「我來到菩提樹下，為什麼只鋪一把草為座墊而坐，就是不希望你波旬來與我爭鬥，乃至結怨，造作惡報，泯沒了你的善心。今果然不出所料，你還是來了，但我還是希望能與你化解怨仇，假如你心懷妒嫉而生怨，是因為我鋪草為座，坐此菩提樹下，身著糞掃衣，那麼波旬，我成就無上正等正覺後，會給你一個滿意的答覆，願你生大歡喜。

「但魔王波旬，我想你心中已經發了誓，要用盡各種可怕手段，迫使我離開此座，不再停留於此。但我也發了大誓願，我今此身坐於此菩提座，縱使遇到任何使我的身體破碎壞裂如微塵，即使壽命磨滅，還未證得無上正等正覺，我終不會離開此座的。

「魔王波旬，你要是仍不罷休，不妨就來看看，究竟是誰的誓願勇猛，是誰先成就誓願，但我可以告訴你，如果我深厚的福德善根足夠的話，我將成就這樣的誓願，真實不虛！」

◀佛陀對魔王說：你發誓不擇手段要破壞我成道，而我發誓即使粉身碎骨也要證道，你要是仍不罷休，不妨就看究竟是誰先成就誓願吧！

菩薩降魔❶

本行經云。菩薩思惟此魔波旬。不受他諫。造種種事。菩薩語波旬言。我至菩提樹下。將一把草。鋪已而坐。恐畏波旬。成於怨仇。鬥諍相競。造諸惡行。無有善心。我今欲斷怨讐。欲滅惡業。汝若欲生怨恨之心。菩薩坐此樹下。將草作鋪。著糞掃衣。汝心如是妒嫉此事。汝魔波旬。且定汝意。我若成就阿耨多羅三藐三菩提後。取如是等一切諸事。付囑於汝。願汝回心。生大歡喜。魔王波旬。汝今心中。亦有誓言。我等必當恐怖菩薩。令捨此座。起走勿停。然我復有宏大誓願。我今此身。坐於此座。設有因緣於此坐處。身體碎壞。猶如微塵。壽命磨滅。若我不得阿耨多羅三藐三菩提。我身終不起於此處。魔王波旬。如是次第。我等當觀是誰勇猛。誓願力強。有能在先成就此願。或我或魔。及汝軍眾。若我福業善根力強。我應成就如此誓願。真實不虛。

原典註解

①**降魔**：「降魔」被列為八相成道之一，意指對治或降伏惡魔。凡是心內之煩惱魔與心外之天魔，皆為修行之障礙，可由禪定或智慧力加以降伏。此外，佛菩薩為引導眾生，亦須以定慧力降魔，如不動明王所持之降魔劍，即象徵降魔之相。將佛陀降魔過程表現在佛教美術作品之圖像，稱之「降魔變相圖」，即「降魔變」。最著名作品應為七世紀印度阿旃多石窟之釋尊降魔成道圖。佛陀降魔時的坐姿稱為「降魔坐」，右足置左股之上，左足壓右股，手亦以左居上之結跏趺坐（雙盤）。而降伏惡魔時所結手印，右手垂膝上，左手提衣之印相，謂之「降魔印」。

成等正覺

釋迦牟尼佛坐於菩提樹下，降伏魔怨，成就了正覺。建立大法幢幡，將度脫三界一切眾生；祂默坐樹下，示現四禪為將來學道者的修行路徑，以意念清淨成就一禪行；靜然守一，專心不移，成就二禪行；以淨見真，成就三禪行；心不依附於善，也不依附於惡，內外表裡都清淨無垢，於寂然中無變動，成就四禪行，即是所謂的無為法。度脫世俗的道，是棄離惡的本源，除滅貪淫、瞋怒與愚癡無明。當生死輪迴已除，種識習氣的根已斷，就沒有任何剩餘的煩惱了。

所作已完成，神通智慧皆已通達，如夜空明星出現，廓然大悟，證得無上正等正覺，為最究竟圓滿成就。於佛十種神力、四無所畏、十八種不共之法，一時俱得佛一切知見。如此微妙，實在難得。

祂想起去燃燈佛受記釋迦佛名，今日終於得佛果。從無量劫以來，勤苦所求，一直到今日才成就。祂回憶宿命，所有布施，以及慈孝、仁義、禮信，正直守真，虛心學聖，柔和清淨，廣行無量的六度波羅蜜：所謂布施、持戒、忍辱、精進、一心、智慧；行四無量心，所謂慈悲喜護；常念四種恩德，養育眾生，如愛自己的孩子；承事諸佛，累積無量福德，如此累劫勤苦，總算是功不唐捐！

◀佛陀坐於菩提樹下，降伏魔怨，成就了正覺。神通智慧通達，如夜空已現明星，祂憶起過去世燃燈佛受記釋迦佛名，以及無量劫以來種種修行。

成等正覺

成等正覺

普曜經云。菩薩坐於樹下。已降魔怨。成正真覺。建大法幢。度脫三界。默坐樹下。示現四禪[1]。為將來學。修道徑路。意已清淨。成一禪行。靜然守一。專心不移。成二禪行。已淨見真。成三禪行。心不依善。亦不附惡。無苦樂志。正在其中。寂然無變。成四禪行。是謂無為。度世之道。以棄惡本。無淫怒癡。生死已除。種根已斷。無餘載蘖。所作已成。智慧已了。明星出時。廓然大悟。得無上正真之道。為最正覺。得佛十種力。四無所畏。十八之法。得佛道意。一切知見。是實微妙。甚難得也。昔錠光佛時。莂我為佛。名釋迦文。今果得之。從無數劫。勤苦所求。適今成耳。自念宿命。諸所施為。道德慈孝。仁義禮信。中正守真。虛心學聖。柔弱淨意。行六度無極。布施。持戒。忍辱。精進。一心。智慧。行四等心[2]。慈悲喜護。四恩[3]隨時。養育眾生。如愛赤子。承事諸佛。積德無量。累劫勤苦。功不唐捐。

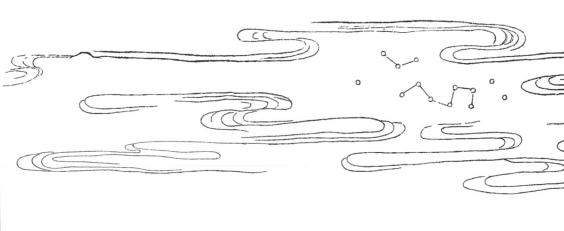

原典註解

①**四禪**：又作四禪定、四靜慮，禪即「禪那」，意譯靜慮，即透過寂靜、審慮，而能如實了知，從初禪至第四禪，依心理活動的發展，而形成不同精神層面狀態。《長阿含》卷八〈眾集經〉云：「復有四法，謂四禪。於是比丘除欲惡不善法，有覺有觀離生喜樂，入於初禪。滅有覺觀內信一心，無覺無觀定生喜樂，入第二禪。離喜修捨念進自知身樂，諸聖所求憶念捨樂，入第三禪。離苦樂行先滅憂喜，不苦不樂捨念清淨，入第四禪。」四禪定為一般世間禪定次第。

②**四等心**：出自《增一阿含經》卷二十一：「有四等心。云何為四？慈、悲、喜、護。」另外，又作慈、悲、喜、捨之四無量心也。《法華經三大部補注》：「慈悲喜捨名四無量，華嚴中說亦名四等，四等從心，無量從境。」從所緣之境，而謂「無量」，從能起之心，而謂「等」。

③**四恩**：「四恩」說法略有不同：一、父母恩、眾生恩、國王恩、三寶恩等四種恩，出自《心地觀經》〈報恩品〉。二、母恩、父恩、如來大師恩、說法法師恩等四種恩，亦稱四種重恩，出自《正法念處經》、《大藏法數》。三、父母恩、師長恩、國王恩、施主恩，亦作出家四恩，出自《釋氏要覽》〈恩孝篇〉。四、天下恩、國王恩、師尊恩、父母恩，出自《大藏法數》。

諸天讚賀

欲界天神之王看見佛陀坐在菩提樹下，以智慧神通降伏了諸魔，成就了正等正覺，所願具足，豎起了大法幢幡，因此讚歎：「佛陀您將以無量仁慈成為世間的大醫王，解救治癒眾生的疾患；您將以勇猛無畏的獅子威德成為眾生最大的依怙，解除他們的怖畏；您將以圓滿的智慧為眾生演說正法，讓他們調和心意，滅除三垢，獲得三種智慧，超越生老病死的四大河。佛法廣大無邊的寶蓋，能救護三界一切眾生。能為修行的梵志說清淨之法，捨棄種種惡行；能為出家比丘說解脫之法，滅除愚痴冥暗，所謂的沙門就是能修持戒定慧，滅貪嗔癡，超越六趣輪迴苦業。雖廣學無限只稱為博聞，能以德智斷塵勞煩惱才能度苦海，勇猛精勤才能到達解脫彼岸。釋迦如來已經具足十力與無邊智慧法功德，為我等眾生示現坐菩提成無上道。這因緣殊勝，百劫難遭遇！」

於是淨居諸天、梵迦夷天、善梵天，化自在天，無憍樂天、兜率天、焰摩天、忉利天及四天王天，虛空大地神天等等，都散花燒香，豎起了許多幢幡，以種種寶物供養，並皈依了世尊，祂們贊頌著：

堅固如金剛，志強不可毀。正使肌肉消，骨髓盡無餘。
若不成佛道，終不起於座。仁師子辭正。建誓立威神。
余等諸天神，咸來得善利。乃使最尊人，靡所不照明。
我等聞佛音，皆勸助佛道。

◀佛陀於菩提樹下，降伏眾魔，成就無上正等正覺，諸天神散花燒香，豎起幢幡，讚歎道：「佛陀您將成為眾生最大的依怙，救護三界一切眾生！」

諸天讚賀

諸天讚賀

普曜經云。於是欲界天王。見於如來坐於樹下。神通以達。所願具足。降魔怨敵。豎大幢幡。無極大仁。為大醫王。療眾疾患。無極師子。若於恐懼。衣毛不豎。調和心意。滅除三垢。成三達智[1]。越於四海。執一道蓋。救護三界。清淨梵志。為棄眾惡。則為比丘。除諸愚冥。何謂沙門。越於六徑。廣學無限。名曰博聞。德消塵勞。成為勇猛。度於彼岸。所謂力者。成十種力。具足法寶。見於如來。坐於樹下。成無上道。於是淨居諸天。梵迦夷天。善梵天。化自在天。無憍樂天。兜術天。焰摩天。忉利天。及四天王。虛空大地神天。供養世尊。普悉莊嚴。一切天地。散花燒香。豎諸幡蓋。歸命至尊。以偈贊曰。堅固如金剛。志強不可毀。正使肌肉消。骨髓盡無餘。若不成佛道。終不起於座。仁師子辭正。建誓立威神。余等諸天神。咸來得善利。乃使最尊人。靡所不照明。我等聞佛音。皆勸助佛道。

原典註解

①**三達智**：聖者成就的「三達智」，說法如下：

一、即「一切智、道種智、一切種智」：（一）一切智，即能了知一切諸法總相之智，為聲聞、緣覺之智；（二）道種智，即能了知一切諸法差別相之智，乃菩薩之智。（三）一切種智，即通達總相與別相之智，即佛智。出自《大品般若經》〈序品〉、〈三慧品〉。

二、即「清淨智、一切智、無礙智」：《地持經》卷三：「彼一切煩惱習究竟斷智，是名為清淨智；一切界、一切事、一切種、一切時無礙智，是名一切智；（中略）於一切法了達無礙，是名無礙智。」

三、即「世間智、出世間智、出世間上上智」：（一）世間智，即凡夫外道之智。（二）出世間智，即聲聞、緣覺之智，能出離世間。（三）出世間上上智，即諸佛菩薩之智，觀一切法寂靜，不生不滅。出自《楞伽阿跋多羅寶經》卷三。

四、即「外智、內智、真智」：《寶藏論》〈離微體淨品〉有載：「何謂外智？分別根門識了塵境，博覽古今，該通俗事，此為外智。何謂內智？自覺無明，斷割煩惱，心意寂靜，滅有無餘，此為內智。何謂真智？體解無物，本來寂靜，通達無涯，淨穢無二，故名真智。」

化起從本源　功成應賢劫　萬行顯真宗　三祇積鴻業
為法出於世　降靈示分脇　眉横天帝弓　目帶青蓮葉
仙師相垂淚　天神爭捧接　灌頂當在宮　飛輪化彌帖
宗承天日貴　象貫師子頰　善教誰與傳　抨彈獨豪俠
遊觀驚老死　逾城棄臣妾　落髮親寶刀　貿衣遇群獵
寄跡狎麋鹿　苦身示羸怯　食糜人盡知　坐草魔方懾
潔若蓮出水　明逾鏡開篋　山海類高深　雲雷等辭捷
三時教彌闡　萬類根自愜　四問聊欲酬　十僊度相躡
補處記慈氏　遺文囑迦葉　臥樹徒載春　香薪已焚氎
悲心及綿遠　舍利光煒燁　獨我生後時　餘波幸霑涉

唐・王勃